VINE

APRENDA EL GRIEGO DEL NUEVO TESTAMENTO

W. E. VINE

GRUPO NELSON

Desde 1798

NASHVILLE   DALLAS   MEXICO CITY   RIO DE JANEIRO

© 1999 Editorial Caribe
Una división de Thomas Nelson, Inc.
Nashville, TN Miami, FL

http://www.editorialcaribe.com
E-mail: editorial@editorialcaribe.com

Título en inglés: *You Can Learn New Testament Greek!*
© 1997 W.E. Vine Copyright Ltd. of Bat, England

Traductor: *Javier Quiñones*
Revisores: *Plutarco Bonilla, Miguel Mesías, Haroldo Mazariegos*

Diseño y desarrollo técnico: *Jorge R. Arias*

ISBN: 978-0-89922-386-5

Impreso en EE.UU.
Printed in U.S.A.
3ª Impresión, 7/2010

▪ PREFACIO ▪

La producción de esta gramática es resultado de un curso dictado hace muchos años en Exeter, para estudiantes deseosos de adquirir conocimientos básicos de la gramática del griego del Nuevo Testamento para luego matricularse con mayor provecho en un curso sobre la misma lengua. El método adoptado se alejaba en cierto sentido del orden rígido característico de las gramáticas tradicionales. Desde el principio se usó el griego del Nuevo Testamento, presentando las frases y oraciones más sencillas a modo de ejercicios, con una extensión gradual según el progreso que se lograba en el estudio de la gramática misma. El método demostró ser práctico e interesante.

Luego, algunas de las lecciones de este volumen aparecieron en una revista, y fue evidente que había mucho interés en estudiar el Nuevo Testamento en su lengua original. Ofrecer lecciones a través de una revista exigió el ajuste de su longitud al espacio disponible, y eso implicó ciertas coincidencias (sin que hubiese repetición de la materia de una lección en la siguiente), no siendo posible dividir los temas como para ponerlos todos en una sola lección. No obstante, esto no resultó ser una interferencia en el estudio. Después que aparecieron unas veintitrés lecciones, la revista desapareció y otras circunstancias, fuera del control del autor, han hecho requerido la edición de las lecciones según la división previamente acordada, sin que ello interfiera en manera alguna con el estudio que aquí se presenta.

Otro resultado del trabajo realizado para la revista es el estilo conversacional presente en la orientación de las leciones y las explicaciones, lo que tiene sus ventajas. El estudiante debe examinar las lecciones paciente y minuciosamente, y seguir con fidelidad el consejo que se da en cuanto a la memorización y la repetición de ciertas partes de las lecciones. El refrán latino *"festina lente"* ("apúrate despacio") es de gran importancia al respecto y, aunque el repaso continuo es una tarea laboriosa, la capacidad para leer ciertas partes del Nuevo Testamento en griego, casi desde el comienzo mismo de los estudios, despierta el interés en los que se deleitan en la Palabra de Dios, y hace que el esfuerzo valga la pena. El autor espera, a pesar de los defectos, haber hecho alguna contribución real a este importante medio de conocer la mente del Señor.

Lic. W.E. Vine

PRÓLOGO

Hay muchas traducciones excelentes del Nuevo Testamento, del original griego al castellano, pero se sabe que quien estudia el griego del Nuevo Testamento le lleva la delantera al lector común y corriente.

El autor de este libro de texto ha hecho un servicio destacado para todos los que tienen talento lingüístico. En verdad, ese talento podrá descubrirse y mejorarse bajo su dirección. El Sr. Vine tiene una amplia experiencia enseñando esta materia, y su gramática no es un simple eco de otros libros similares. Su método progresivo y el uso directo del griego del Nuevo Testamento son propios. No puede ponerse mejor libro en manos de quienes no tienen conocimiento previo en cuanto al aprendizaje de otros idiomas. Se merece un lugar en cualquier serie autodidacta, en especial en esta edición revisada. Creada con el lector laico en mente, también servirá para instruir a otros que desean alimentarse de primera mano de la Palabra de Dios y entregarse a su glorioso ministerio.

Francis Davidson

▪ CONTENIDO ▪

INTRODUCCIÓN

Bien se ha dicho que el griego es "el lenguaje más sutil y poderoso que jamás haya brotado de la lengua humana". Sin embargo, comparativamente hablando, es fácil, sobre todo el griego bíblico. El griego del Nuevo Testamento es mucho más sencillo que el conocido como griego clásico, y debe distinguirse de los escritos de hombres que aspiran a la fama literaria. Como escribió el finado Dr. J.H. Moulton: "Los escritores del Nuevo Testamento no tenían ni idea de que estaban escribiendo literatura. El Espíritu Santo habló absolutamente en el lenguaje del pueblo ... La misma gramática y diccionario claman en contra de los hombres que permiten que las Escrituras aparezcan en cualquier otra forma que no sea "comprendida por el pueblo"". El idioma que se hablaba en todo el Imperio Romano en el primer siglo de la era cristiana era el griego helenístico, llamado también *koiné*, o sea, el dialecto común de la gente. En los manuales para el escritor "A.C. y A.D." o "Cómo se preparó el mundo para el evangelio", uno de los manuales del *Witness* [Testigo], describe cómo tal idioma llegó a ser universal. En verdad es impresionante ver cómo la mano de Dios se manifestó en los movimientos nacionales que, con el correr del tiempo, hicieron posible que el mensaje de vida eterna llegara a todas las naciones mediante la lengua natural, empero poderosa, que tenemos el privilegio de estudiar. El estudio es en verdad importante porque nos abre la mente de Dios como ninguna traducción puede hacerlo. Se requiere paciencia y perseverancia, pero el estudiante que tenga unas horas libres al mes progresará pronto y disfrutará de un nuevo deleite en la lectura inteligente de las palabras mismas "que los santos hombres de Dios hablaron siendo inspirados por el Espíritu Santo" (2 P 1.21).

LECCIÓN 1

EL ALFABETO

El estudiante debe familiarizarse con el alfabeto (tanto en mayúsculas como en minúsculas) y con los nombres de las letras, y debe observar cuidadosamente las notas que se indican abajo. Memorice el alfabeto; saber el orden de las letras es útil para el trabajo con la concordancia.

Mayúsculas	Minúsculas	Nombre	Equivalente en español
A	α	alfa	a
B	β	beta	b
Γ	γ	gamma	g
Δ	δ	delta	d
E	ε	épsilon	e (corta)
Z	ζ	dseta	ds
H	η	eta	e (larga)
Θ	θ	zeta	z (española)
I	ι	iota	i
K	κ	kapa	k
Λ	λ	lambda	l
M	μ	my	m
N	ν	ny	n
Ξ	ξ	xi	x
O	o	ómicron	o (corta)
Π	π	pi	p
P	ρ	ro	r
Σ	σ, ς	sigma	s
T	τ	tau	t
Υ	υ	ípsilon	u
Φ	φ	fi	f

Mayúsculas	Minúsculas	Nombre	Equivalente en español
X	χ	ji	j
Ψ	ψ	psi	ps
Ω	ω	omega	o (larga)

NOTAS SOBRE EL ALFABETO

(1) Hay dos formas de la letra "e": la corta, *épsilon*, y la larga, *eta*.

(2) Distíngase la forma de la minúscula *eta* de la "n" en español; la letra griega tiene un trazo más largo a la derecha (η). Por otro lado, distíngase la minúscula griega *ny* (ν: correspondiente a la "n" en castellano) de la letra "v". La forma de la letra "v" en castellano es la misma de la minúscula "n" en griego. La mayúscula *eta* (H: en español "e") debe distinguirse de la "H" en castellano.

(3) Hay dos formas de la letra "o": la corta, ómicron (o), y la larga, *omega* (Ω). En castellano no hay diferencia en la pronunciación.

(4) Distíngase la letra χ griega de la "x" en castellano. Aunque el trazo es similar (no igual), el sonido es diferente. La χ se pronuncia como la jota en español.

(5) Distíngase la *ro* (ρ: en español "r") de la "p" en español. La "r" mayúscula en griego (P) es igual a la "p" mayúscula en español. Familiarice su ojo para distinguir la mayúscula griega como una "r" y no como una "p".

(6) Hay dos formas de la letra "s". Una es similar a la "s" en español; se reserva para el final de una palabra, y nunca se la halla en otro lugar (ς). Cuando la "s" está en algún otro lugar de la palabra, que no sea la letra final, se debe usar la otra forma, que se parece a una "o" con un trazo horizontal sobresaliente al extremo superior derecho de la letra (σ).

(7) No hay punto sobre la *iota* (ι).

(8) Al escribir la *ípsilon* (υ), mantenga la letra con curvatura inferior; si la hace como si fuera una "v" la confundirá con la *ny* minúscula.

(9) La *gamma* minúscula (γ) debe distinguirse de la "y" en español. La *gamma* griega, por lo general, suena como "g" fuerte en español.

(10) El estudiante debe observar que el equivalente a la "h" inicial aspirada se escribe como una coma invertida a modo de acento sobre una letra, así: ὅς (jós; quien). El espíritu suave se indica mediante una coma regular sobre la letra inicial, y denota la ausencia de la aspiración fuerte, así: ἦν (en; era). Toda palabra que comienza con vocal debe llevar espíritu (rudo o suave): ἐπιστολή (epistolé; carta). Si comienza con diptongo, el espíritu se escribe sobre la segunda vocal: αὐτό (autós; él). Cualquier palabra que comience con la letra ρ (ro) debe llevar espíritu rudo sobre dicha letra: ῥῆμα (jrema; palabra). Una *ro* doble en el cuerpo de una palabra se escribe ῤῥ (la primera letra lleva un espíritu suave, y la segunda el espíritu fuerte o rudo).

(11) Ocasionalmente una vocal tiene una *iota* pequeña debajo (ῳ), llamada *iota* suscrita. Esta *iota* no se pronuncia, pero es muy importante notarla, porque sirve a menudo para distinguir diferentes formas de la misma palabra.

(12) La *omega* es la última letra del alfabeto griego. Por eso, cuando el Señor dijo: "Yo soy el Alfa y la Omega" (Ap 22.13), nuestro equivalente en español (aun cuando no debemos traducirlo de tal manera) sería "Yo soy la A y la Z".

El estudiante debería adquirir el *Nuevo Testamento Griego* de Nestle (edición de bolsillo); puede conseguirlo en las oficinas de las Sociedades Bíblicas de su país. Otro recurso disponible es el *Nuevo Testamento Interlineal Griego Español*, de Francisco Lacueva.

▪ LECCIÓN 2 ▪

LAS CONSONANTES

Debe prestarse especial atención a estos tres tipos de consonantes:

(1) Labiales: π, β, φ.
(2) Guturales o palatales: κ, γ, χ.
(3) Dentales: τ, δ, θ.
(*a*) Una labial con "s" (πς, βς, φς) hace una ψ.
(*b*) Una gutural con "s" (κς, γς, χς) hace una ξ.
(*c*) La dental con "s" se pierde, pero en el caso de δς hace una ζ.

(*d*) La letra ν se vuelve μ antes de las labiales; así: σύνφημι (lit. juntos para decir; o sea, concordar) se vuelve σύμφημι. Se vuelve γ antes de las guturales; así: συνχαίρω (regocijarse con) se vuelve συγχαίρω. Se pierde antes de σ o ζ; así: συνστρατιώτης (colega soldado) se vuelve συστρατιώτης; σύνζυγος (compañero de yugo) se vuelve σύζυγος. Antes de λ, μ, ρ (que, junto con la misma ν se llaman líquidas) se cambia a la misma letra; así συνλαλέω (hablar con) se vuelve συλλαλέω; συνμαρτυρέω (testificar con) se vuelve συμμαρτυρέω.

PRONUNCIACIONES ADICIONALES

La gutural γ seguida de otra gutural, κ, γ, χ, se pronuncia como la "ng" en español. Así ἄγγελος (ángel) se pronuncia "ánguelos", y ἄγκυρα (ancla) se pronuncia "ánguira". Los diptongos, por lo general, se pronuncian como en español: αι (ai) como en aire; αυ (au) como en auto; ει (ei) como en aceite; οι (oi) como en oiga; ου (ou) suena como "u" en grupo; eu (eu) como en eufonía; y υι (ui) como en juicio.

PUNTUACIÓN

En el griego *koiné* hay cuatro signos de puntuación: la coma (,); el punto y coma y los dos puntos, expresados por un punto por encima de la línea (·); el punto, como en español; y el signo de interrogación, indicado en griego por un punto y coma (;) ; pero debe distinguirse entre estos dos signos. El griego ";", en español se escribe "?", habida cuenta de que en español es necesario abrir la interrogación con su respectivo signo "¿".

Ejercicio: Escriba lo siguiente en caracteres griegos, sin ver el texto griego; luego, corrija lo que escribió comparándolo con el texto griego. De esta manera adquirirá buena práctica. Evite aprenderse ahora el significado de las palabras. Más adelante, la práctica facilitará el progreso. Todas las vocales son cortas a menos que se indique otra cosa.

Juan 1.4-11: 4 en autō zōē ēn, kai jē zōē ēn to fōs tōn anzrōpōn; 5 kai to fōs en tē skotia fainei. Kai jē skotia auto ou katelaben.

6 Egeneto anthrōpos, apestalmenos para zeou, onoma autō Iōannēs; 7 joutos ēlzen eis martyrian jina martyrēsē peri tou fōtos, jina pantes pisteusōsin di' autou. 8 Ouk ēn ekeinos to fōs, all' jina martyrēsē peri to fōtos. 9 Ēn to fōs alēzinon, jo fōtidsei panta anzrōpon, erjomenon eis ton kosmon. 10 En tō kosmō ēn, kai jo kosmos di' autou egeneto, kai jo kosmos auton ouk egnō. 11 Eis ta idia ēlzn, kai joi idioi auton ou parelabon.

[Practique más transcribiendo del texto griego a caracteres castellanos; después, vuelva a transcribir lo escrito al griego.]

La INFLEXIÓN es el cambio que se hace en la forma de las palabras para expresar variación en el significado. La declinación es la forma ordenada de presentar los cambios en la terminación de los nombres, adjetivos y pronombres para expresar diferentes relaciones, como sigue:

GÉNERO: Hay tres géneros: masculino, femenino y neutro. Los nombres de objetos inanimados tienen diferentes géneros. Las terminaciones de las palabras son una buena guía.

NÚMERO: Hay dos: singular y plural. En griego también existe el dual, pero este no aparece en el Nuevo Testamento.

CASOS: Hay cinco casos: (1) nominativo, que señala al sujeto; (2) vocativo, que se usa para dirigirse directamente; (3) genitivo, que originalmente significaba movimiento desde, y por tanto, separación; luego llegó a denotar mayormente posesión. Por ello, es conveniente asociar la preposición "de" con este caso. Su uso es muy variado; (4) dativo, que significa objeto indirecto; de aquí que las preposiciones "a" o "hacia" estén asociadas con él. Sin embargo, también varía mucho de significado (como descansar en, conjunción con, etc.); (5) acusativo, que expresa el complemento directo del verbo, y se usa después de ciertas preposiciones para expresar movimiento hacia, etc. Estos detalles se considerarán más adelante.

EL ARTÍCULO

Ahora podemos considerar las formas de los artículos definidos "el", "la", "lo", "los", "las" (no hay artículo indefinido "un" o "una").

Debe dominarse la siguiente tabla, horizontalmente (masculino, femenino, neutro), y caso por caso, según el orden que se ofrece. La mayoría de estas formas, como se verá más tarde, provee un modelo para las terminaciones de los casos de ciertos nombres, adjetivos y pronombres.

Singular

	Masc.	Fem.	Neut.	
Nom.	ὁ	ἡ	τό	(el, la, lo)
Gen.	τοῦ	τῆς	τοῦ	(del, de la, de lo)
Dat.	τῷ	τῇ	τῷ	(al, a la, a lo)
Ac.	τόν	τήν	τό	(el, la)

Plural

	Masc.	Fem.	Neut.	
Nom.	οἱ	αἱ	τά	(los, las)
Gen.	τῶν	τῶν	τῶν	(de los, de las)
Dat.	τοῖς	ταῖς	τοῖς	(a los, a las)
Ac.	τούς	τάς	τά	(los, las)

Nota 1: La iota bajo las vocales en el dativo singular debe observarse con mucho cuidado; es muy importante. Se llama iota suscrita.

Nota 2: El nominativo y acusativo son siempre iguales en neutro.

Nota 3: El genitivo plural siempre termina en -ων.

Nota 4: Las formas del dativo masculino y neutro dativo siempre son iguales.

PRIMERA DECLINACIÓN

NOMBRES

Hay tres tipos de inflexiones de los nombres, conocidas como las tres declinaciones. Las terminaciones de la primera, en la forma del nombre dada primero, corresponde a la forma femenina del artículo.

PRIMERA DECLINACIÓN

(1) *Nombres femeninos que terminan en* -η

πύλη, puerta

	Singular			Plural	
Nom.	πύλη	puerta	Nom.	πύλαι	puertas
Voc.	πύλη	oh puerta	Voc.	πύλαι	oh puertas

	Singular			Plural	
Gen.	πύλης	de, desde una puerta	Gen.	πυλῶν	de, desde puertas
Dat.	πύλῃ	a, hacia una puerta	Dat.	πύλαις	a, hacia puertas
Ac.	πύλην	puerta	Ac.	πύλας	puertas

Ejercicio: Aprenda de memoria el paradigma anterior, anteponiendo el artículo femenino a cada caso; así: ἡ πύλη, la puerta; τὴν πύλην, la puerta; τῆς πύλης, de la puerta; etc.

Los siguientes nombres, que también deben memorizarse, se declinan como πύλη:

τιμή.................... honor

φωνή..................... voz

ψυχή................ alma, vida

στολή .... vestido

δίκη.................... justicia

σελήνη .... luna

ὀργή .... ira, cólera

εἰρίνη .... paz

ἐπιστολή .... carta

κεφαλή .... cabeza

ἀδελφή .... hermana

ἀρχή .... principio, gobierno

νύμφη .... novia, esposa

βροχή .... lluvia

παιδίσκη .... doncella, muchacha, esclava, sierva

ὀφειλή .... deuda

προσευχή .... oración

ὑπακοή........... obediencia

παρακοή........ desobediencia

ἀγαθωσύνη............. bondad

ἁγιωσύνη .... santidad

καταλλαγή........ reconciliación

ὑπερβολή .... abundancia, excelencia

ὑπομονή.............. paciencia

Ejercicio: Decline por completo algunas de estas palabras, siguiendo el modelo de πύλη.

PRIMERA DECLINACIÓN *(continuación)*

Nombres femeninos que terminan en -α

Nota 1: Cuando un nombre termina en -α precedida por una vocal o ρ, el singular retiene la α en todas sus formas, como se muestra a continuación:

βασιλεία, reino

	Singular	Plural
N. y V.	βασιλεία	βασιλεῖαι
Gen.	βασιλείας	βασιλειῶν
Dat.	βασιλείᾳ	βασιλείαις
Ac.	βασιλείαν	βασιλείας

Siguiendo este modelo, decline por completo la palabra ἡμέρα, día.

Nota 2: Cuando un nombre tiene la terminación -α precedida de una consonante, la α se vuelve η en el genitivo y dativo singular (y retiene la α en los otros casos), como sigue:

γλῶσσα, lengua

	Singular	Plural
N. y V.	γλῶσσα	γλῶσσαι
Gen	γλώσσης	γλωσσῶν
Dat.	γλώσσῃ	γλώσσαις
Ac.	γλῶσσαν	γλώσσας

Los siguientes nombres se declinan como βασιλεία e ἡμέρα. También deben memorizarse.

ἀλήθεια . . . . verdad   μαρτυρία . . . . testimonio

ἀδικία . . . . injusticia   σκία . . . . sombra ἄγνοια .... ignorancia

ἀνομία .... iniquidad

ἐργασία .... trabajo, diligencia, ganancia

ἐριθεία .... contención, rencilla

ἐξουσία .... poder, autoridad

οἰκία .... casa

λυχνία .... candelero

σοφία .... sabiduría

πέτρα .... roca, peña

θύρα .... puerta

Las siguientes palabras se declinan como γλῶσσα:

δόξα .... gloria

μέριμνα .... cuidado

θάλασσα .... mar

ῥίζα .... raíz

Ejercicio: Decline por completo οἰκία, μέριμνα y ῥίζα, anteponiendo a cada caso y número el artículo femenino correspondiente, y dé la traducción de cada caso. Hágalo sin mirar las lecciones impresas y luego corrija los resultados comparándolos con ellas: así, ἡ οἰκία, la casa; τὴν οἰκίαν, la casa; τῆς οἰκίας, de la casa, etc.

PRIMERA DECLINACIÓN, NOMBRES TERMINADOS EN -ης y en -ας

(estos nombres son masculinos)

Nota 1: Los nombres masculinos de la primera declinación terminados en -ης forman el genitivo singular en -ου y el vocativo en -α. En los otros casos se declinan como πύλη (lección 2).

Nota 2: Los nombres masculinos de la primera declinación terminados en -ας también forman el genitivo singular en -ου y el vocativo en -α. En los otros casos se declinan como βασιλεία (véase arriba).

Nota 3: El plural es el mismo en todos los nombres de la primera declinación. Aprenda de memoria el siguiente paradigma:

μαθητής, discípulo

	Singular	Plural
Nom.	μαθητής	μαθηταί
Voc.	μαθητά	μαθηταί
Gen.	μαθητοῦ	μαθητῶν
Dat.	μαθητῇ	μαθηταῖς
Ac.	μαθητήν	μαθητάς

νεανίας, joven

	Singular	Plural
Nom.	νεανίας	νεανίαι
Voc.	νεανία	νεανίαι
Gen.	νεανίου	νεανίων
Dat.	νεανίᾳ	νεανίαις
Ac.	νεανίαν	νεανίας

Ejercicio: Decline ambos nombres anteponiendo la forma correspondiente del artículo masculino ὁ, y luego traduzca cada caso. Corrija los resultados según la tabla dada.

Los siguientes nombres (que también debe memorizar) se declinan como μαθητής:

προφήτης . . . . profeta	ἐργάτης . . . . obrero, peón
τελώνης . . . . publicano	ὀφειλέτης . . . . deudor
(cobrador de impuestos)	
κριτής . . . . juez	ὑπηρέτης . . . . . . ayudante, sirviente

SEGUNDA DECLINACIÓN: NOMBRES CON TERMINACIÓN EN -O

Los nombres masculinos, y unos pocos femeninos, de esta declinación terminan, en el nominativo singular, en -ος. Los nombres neutros terminan en -ον. Aprenda de memoria las siguientes tablas, y escríbalas por completo de memoria, con el artículo ὁ para λόγος y τό para ἔργον; luego, tradúzcalas.

λόγος, palabra

	Singular		Plural	
Nom.	λόγος	palabra	λόγοι	palabras
Voc.	λόγε	¡oh palabra!	λόγοι	¡oh palabras!
Gen.	λόγου	de una palabra	λόγων	de palabras
Dat.	λόγῳ	a una palabra	λόγοις	a palabras
Ac.	λόγον	palabra	λόγους	palabras

ἔργον, obra, trabajo

	Singular	Plural
Nom.	ἔργον	ἔργα
Voc.	ἔργον	ἔργα
Gen.	ἔργου	ἔργων
Dat.	ἔργῳ	ἔργοις
Ac.	ἔργον	ἔργα

Nota 1: Todos los nombres neutros tienen la misma forma en el nominativo, vocativo y acusativo.

Nota 2: Observe la iota suscrita en el dativo singular.

Nota 3: Cuando un nombre está determinado por un artículo, ambos deben concordar: los nombres masculinos deben llevar la forma del artículo ὁ correspondiente (al caso y número del nombre), y los nombres neutros deben llevar la forma del artículo τό que corresponda.

Con la ayuda de unas pocas palabras adicionales, algunas formas, y algunos principios sencillos, podremos leer de inmediato algunas frases del Nuevo Testamento. Más adelante estudiaremos la tercera declinación.

Memorice lo siguiente:

Tiempo presente del verbo "ser" o "estar"

Singular

1ª persona	εἰμί	soy o estoy
2ª persona	εἶ	eres o estás
3ª persona	ἐστί(ν)	es o está

Plural

1ª persona	ἐσμέν	somos o estamos
2ª persona	ἐστέ	sois o estáis
3ª persona	εἰσί(ν)	son o están

Singular

1ª persona	ἤν	era o estaba
2ª persona	ἤσθα	eras o estabas
3ª persona	ἤν	era o estaba

Plural

1ª persona	ἤμεν	éramos o estábamos
2ª persona	ἤτε	erais o estabais
3ª persona	ἤσαν	eran o estaban

Nota: La ν al final de la 3ª persona se usa antes de una vocal o al final de la frase.

Tiempo imperfecto

Nota: Los pronombres personales se incluyen en las formas del verbo; se expresan mediante palabras separadas solo cuando hacen falta pronombres para dar énfasis o para aclarar a quién se refiere. Estos se indicarán luego. Cuando el sujeto del verbo está explicitado, el pronombre se omite, por supuesto; así: ἤν ὁ λόγος se traduce "era el Verbo."

Aprenda las siguientes palabras: ἐν, en (esta preposición siempre va seguida del caso dativo; así: ἐν ἀρχῇ, «en [el] principio»; la omisión del artículo griego aquí se explicará más adelante, pero se debe traducir en la frase); πρός, hacia o con (siempre seguido del acusativo, así: πρὸς τὸν θεόν "con Dios", el artículo se usa con frecuencia con los nombres propios, pero no siempre se debe incluir en español); ἐκ, de o desde; καί, y; οὗτος, este (masculino); αὕτη, esta; τοῦτο, esto (neutro), οὐ, no (οὐ tiene otras dos formas, οὐκ y οὐχ; οὐκ se usa cuando la siguiente palabra empieza con una vocal o con ciertas consonantes; οὐχ se usa cuando la siguiente palabra empieza con una aspiración᾽); δέ, pero o y.

υἱός	hijo	ἄμπελος	viña (femenino)
ἄνθρωπος	hombre	κόσμος	mundo
ὁδός	camino, senda (femenino)	καθώς	como
ἐγώ	yo	οὗτος	este (masculino)
σύ	tú	αὕτη	esta

Ejercicio: Traduzca al español sin referirse a los textos (estos son provistos para que el estudiante haga sus propias correcciones comparándolo con el texto del Nuevo Testamento). Vea arriba el significado de las palabras.

Ἐν ἀρχῇ ἦν ὁ λόγος, καὶ ὁ λόγος ἦν πρὸς τὸν θεόν, καὶ θεὸς ἦν ὁ λόγος. οὗτος ἦν ἐν ἀρχῇ πρὸς τὸν θεόν. (Jn 1.1-2).

Καὶ αὕτη ἐστὶν ἡ μαρτυρία τοῦ Ἰωάννου (Jn 1.19).

οὗτός ἐστιν ὁ υἱὸς τοῦ θεοῦ (Jn 1.34).

σὺ εἶ ὁ υἱὸς τοῦ θεοῦ (Jn 1.49).

Ἦν δὲ ἄνθρωπος ἐκ τῶν Φαρισαίων (Jn 3.1)

Ἐγώ εἰμι ἡ ὁδὸς καὶ ἡ ἀλήθεια καὶ ἡ ζωή (Jn 14.6)

ἐγώ εἰμι ἡ ἄμπελος (Jn 15.5)

ἐκ τοῦ κόσμου οὐκ εἰσὶν καθὼς ἐγὼ οὐκ εἰμὶ ἐκ τοῦ κόσμου (Jn 17.16).

Οὗτός ἐστιν ὁ μαθητής (Jn 21.24)

Después de traducir correctamente al castellano las frases anteriores, vuelva a traducirlas al griego, corrigiendo sus respuestas con los textos.

ADJETIVOS Y PRONOMBRES CORRESPONDIENTES
A LAS DECLINACIONES PRIMERA Y SEGUNDA

Nota: Las terminaciones masculina y neutra corresponden a los nombres de la segunda declinación (véanse λόγος y ἔργον, lección 3); las terminaciones femeninas corresponden a los nombres de la primera declinación (véase πύλη, lección 2). De haberse aprendido minuciosamente las formas de los nombres, le será fácil memorizar los adjetivos.

PRIMERA FORMA

ἀγαθός, bueno

Singular

	Masc.	Fem.	Neut.
Nom.	ἀγαθός	ἀγαθή	ἀγαθόν
Voc.	ἀγαθέ	ἀγαθή	ἀγαθόν
Gen.	ἀγαθοῦ	ἀγαθῆς	ἀγαθοῦ
Dat.	ἀγαθῷ	ἀγαθῇ	ἀγαθῷ
Ac.	ἀγαθόν	ἀγαθήν	ἀγαθόν

Plural

	Masc.	Fem.	Neut.
N. y V.	ἀγαθοί	ἀγαθαί	ἀγαθά
Gen.	ἀγαθῶν	ἀγαθῶν	ἀγαθῶν
Dat.	ἀγαθοῖς	ἀγαθαῖς	ἀγαθοῖς
Ac.	ἀγαθούς	ἀγαθάς	ἀγαθά

Como sucede con los nombres, si el -ος del masculino va precedido de una vocal o ρ, el femenino termina en -α (en lugar de -η) y la retiene en todas su formas (véase βασιλεία, lección 3). Así:

SEGUNDA FORMA

ἅγιος, santo

Singular

	Masc.	Fem.	Neut.
Nom.	ἅγιος	ἀγία	ἅγιον
Voc.	ἅγιε	ἀγία	ἅγιον
Gen.	ἁγίου	ἁγίας	ἁγίου
Dat.	ἁγίῳ	ἁγίᾳ	ἁγίῳ
Ac.	ἅγιον	ἁγίαν	ἅγιον

El plural se declina como ἀγαθός.

Ejercicio: Decline de memoria μικρός, μικρά, μικρόν, "pequeño". Recuerde la regla respecto a la terminación femenina -α después de ρ, y corrija los resultados según ἅγιος, ἀγία, ἅγιον.

Regla: El adjetivo concuerda en número, género y caso con el nombre que califica.

Decline por completo, de memoria, de ὁ δίκαιος ἄνθρωπος, "el hombre justo". Luego, traduzca cada forma y corrija los resultados comparándolos con los paradigmas provistos arriba. Haga lo mismo con ἡ καλὴ ἀγγελία, "el buen mensaje", y con τὸ καλὸν ἔργον, "la obra hermosa".

ADJETIVOS Y PRONOMBRES DEMOSTRATIVOS

οὗτος, "este"; ἐκεῖνος, "aquel".

Nota 1: Las terminaciones masculina, femenina y neutra son prácticamente iguales que las del artículo (ὁ, ἡ, τό).

Nota 2: Es importante observar la aspiración sobre la segunda vocal en el nominativo del masculino y femenino, singular y plural.

Nota 3: -αυ- aparece en todas las formas del femenino, *excepto en el genitivo plural, el cual tiene* –ου-; el neutro plural tiene -αυ- en el nominativo y en el acusativo.

Singular: "este", esta"

	Masc.	Fem.	Neut.
Nom.	οὗτος	αὕτη	τοῦτο
Gen.	τούτου	ταύτης	τούτου
Dat.	τούτῳ	ταύτῃ	τούτῳ
Ac.	τοῦτον	ταύτην	τοῦτο

Plural: "estos", "estas"

	Masc.	Fem.	Neut.
Nom.	οὗτοι	αὗται	ταῦτα
Gen.	τούτων	τούτων	τούτων
Dat.	τούτοις	ταύταις	τούτοις
Ac.	τούτους	ταύτας	ταῦτα

Singular: "ese", "esa", "aquel", "aquella"

Nom.	ἐκεῖνος	ἐκείνη	ἐκεῖνο

(*Los casos restantes como arriba*)

Plural: "esos", "esas"

Nom.	ἐκεῖνοι	ἐκεῖναι	ἐκεῖνα

(*y así sucesivamente*)

Regla 1: οὗτος y ἐκεῖνος concuerdan en número, género y caso con el nombre al que califican, y el nombre siempre lleva el artículo (el cual, no obstante, no se traduce). Así, οὗτος ὁ ἄνθρωπος es "este hombre"; οὗτος ὁ υἱός, "este hijo"; ταύτην τὴν ἐντολήν, "este mandamiento"; ἐν ἐκείνῃ τῇ ὥρᾳ, "en aquella hora."

Regla 2: El nombre con su artículo puede ir primero y los adjetivo οὗτος o ἐκεῖνος después, sin alterar el significado. Así, tanto ἡ φωνὴ αὕτη como αὕτη ἡ φωνή se traducen "esta voz" ("este sonido"). "Esta Escritura" es, en griego, ἡ γραφὴ αὕτη o αὕτη ἡ γραφή. "Ese discípulo" puede escribirse ἐκεῖνος ὁ μαθητής o bien ὁ μαθητὴς ἐκεῖνος.

Regla 3: Cuando οὗτος y ἐκεῖνος se hallan solos, sin un nombre, son pronombres demostrativos. Así, οὗτος quiere decir "este hombre", αὕτη "esta mujer", τοῦτο "esto" o "esta cosa", ταῦτα "estas cosas", ἐκεῖνος "aquel hombre", ἐκείνη "aquella mujer," y ἐκεῖνο "aquella cosa".

Pero estos pronombres también pueden traducirse por los demostrativos "esto", "eso", "estos", "esos". Esto ocurre cuando dichos pronombres griegos son el sujeto o el complemento de un verbo. Entonces, οὗτος ἐστιν ὁ μαθητής se traduce "este es el discípulo" (Jn 21.24) y καὶ αὕτη ἐστίν ἡ μαρτυρία se traduce "y este es el testimonio" (Jn 1.19).

Aprenda este vocabulario antes de hacer el ejercicio que sigue, y luego repase el verbo εἰμί (p. 37).

ὥρα	hora	ἡμέρα	día
ζωή	vida	ἐντολή	mandamiento
ἄνθρωπος	hombre	δοῦλος	siervo, esclavo
δικαιοσύνη	justicia	δίκαιος	justo
κριτής	juez	στέφανος	corona
ἐκ	desde (seguido del caso genitivo)	ἐν	en (toma el dativo)
εἰς	a, entre (toma el acusativo)		

Ejercicio: Traduzca las siguientes frases sin referirse al Nuevo Testamento, a menos que sea necesario. Cuando haya escrito las frases en español, tradúzcalas de nuevo al griego, y corrija los resultados comparándolos con el texto griego del Nuevo Testamento.

Σῶσόν (salva) με (a mí) ἐκ (de) τῆς ὥρας ταύτης ... ἦλθον (vine) εἰς (a) τὴν ὥραν ταύτην (Jn 12.27)

αὕτη ἐστὶν ὑμῶν (su, de ustedes) ἡ ὥρα (Lc 22.53)

ἐν ταῖς ἡμέραις ταύταις (Lc 24.18)

ἐξῆλθεν (salió) οὖν (por tanto) οὗτος ὁ λόγος εἰς (entre) τοὺς ἀδελφοὺς ὅτι (que) ὁ μαθητὴς ἐκεῖνος οὐκ (no) ἀποθνήσκει (moriría) (Jn 21.23).

Οἴδαμεν (sabemos) ὅτι (que) οὗτός ἐστιν ὁ υἱὸς ἡμῶν (nuestro) (Jn 9.20).

αὕτη δέ ἐστιν ἡ αἰώνιος (eterna) ζωή [αἰώνιος tiene la misma forma en el femenino que en el masculino] (Jn 17.3).

ἐν ἐκείνῃ τῇ ἡμέρᾳ (Jn 14.20).

Οὐχ οὗτός ἐστιν Ἰησοῦς ὁ υἱὸς Ἰωσήφ; [note el signo de interrogación] (Jn 6.42).

Οὗτοι οἱ λόγοι πιστοὶ καὶ ἀληθινοί (Ap 22.6; se omite el verbo εἰσίν, "son").

Οὗτοι οἱ λόγοι ἀληθινοὶ τοῦ θεοῦ εἰσιν (Ap. 19.9)

καὶ αὕτη ἐστὶν ἡ ἐντολὴ αὐτοῦ (su, de él) (1 Jn 3.32).

ἐν τούτῳ ἡ ἀγάπη τοῦ θεοῦ τετελείωται (ha sido perfeccionado) (1 Jn 2.5).

Οὗτοι οἱ ἄνθρωποι δοῦλοι τοῦ θεοῦ τοῦ ὑψίστου (Altísimo) εἰσίν (Hch 16.17).

ὁ τῆς* δικαιοσύνης στέφανος, ὅν (la cual) ἀποδώσει (dará) μοι (a mí) ὁ κύριος ἐν ἐκείνῃ τῇ ἡμέρᾳ (2 Ti 4.8).

*Este artículo no se debe traducir, como ocurre con un nombre abstracto. El orden "la de justicia corona" es común en griego. Note que, en muchas ocasiones, el sujeto del verbo (aquí ὁ κύριος) se coloca después de este. Esto se hace para enfatizar el sujeto.

PRONOMBRES DEMOSTRATIVOS *(continuación)*

Hay otro pronombre demostrativo, cuyo significado es similar al de οὗτος (lección 4). Es ὅδε, ἥδε, τόδε, "este", "esta", "esto" ("tal"). Consiste del artículo ὁ, ἡ, τό con –δε añadido.

También deben notarse los siguientes pronombres demostrativos, que se declinan como οὗτος:

(a) de calidad: τοιοῦτος, τοιαύτη, τοιοῦτο, "cual", "tal".

(b) de cantidad: τοσοῦτος, τοσαύτη, τοσοῦτο, "tanto".

(c) de número: τοσοῦτοι, etc., "tantos". Este es, sencillamente, el plural de *(b)*.

(d) de grado: τηλικοῦτος, etc., "tan grande". Este ocurre solo en 2 Co 1.10; Heb 2.3; Stg 3.4; Ap 16.18.

EL PRONOMBRE PERSONAL DE TERCERA PERSONA

Para la tercera persona ("él, ella, ello"), los griegos usaban el pronombre adjetivado αὐτός, αὐτή, αὐτό. Presentamos aquí su declinación porque esta es igual a la de los nombres y adjetivos de las 1ª y 2ª declinaciones. El estudiante debe familiarizarse muy bien con los significados.

Singular

	Masc.		Fem.		Neut.	
N.	αὐτός	él	αὐτή	ella	αὐτό	ello
G.	αὐτοῦ	de él	αὐτῆς	de ella	αὐτοῦ	de ello
		(su, suyo)		(su)		
D.	αὐτῷ	a él	αὐτῇ	a ella	αὐτῷ	a ello
A.	αὐτόν	él	αὐτήν	ella	αὐτό	ello

Plural

N.	αὐτοί	ellos	αὐταί	ellas	αὐτά	ello
G.	αὐτῶν	de ellos (su)	αὐτῶν	de ellas (su)	αὐτῶν	de ello (su)
D.	αὐτοῖς	a ellos	αὐταῖς	a ellas	αὐτοῖς	a ello
A.	αὐτούς	ellos	αὐτάς	ellas	αὐτά	ello

Nota: Distíngase entre αὕτη, "esta" y αὐτή, "ella"; y también entre αὗται, "estas", y αὐταί, "ellas".

Regla: En todos los casos, cuando αὐτός está conectado con un nombre, se convierte en pronombre reflexivo, y se traduce por "él mismo, ella misma, ello mismo". Así: Ἰησοῦς αὐτὸς οὐκ ἐβάπτιζεν, se traduce "Jesús mismo no bautizaba".

Regla: En todos los casos, cuando αὐτός está precedido por el artículo debe traducirse por "el mismo". Así: ἐν τῇ αὐτῇ γνώμῃ es "en el mismo juicio" (1 Cor 1.10); τὸ αὐτό quiere decir "lo mismo".

Nota: Debemos prestar especial atención al orden en que ocurre αὐτός cuando acompaña al conjunto nombre-artículo, y distinguir entre los dos significados del pronombre. Veamos, por ejemplo, las dos reglas que acabamos de mencionar: αὐτὸ τὸ πνεῦμα es "el Espíritu mismo", pero τὸ αὐτὸ πνεῦμα es "el mismo Espíritu". Cuando αὐτός viene después del artículo, denota "el mismo".

Antes de hacer el ejercicio que sigue, aprenda el siguiente vocabulario y repase los vocabularios previos. También repase el verbo "ser" o "estar" (lección 3).

χάρις	gracias, gracia	ἄρτος	pan
σπουδή	celo	οὖν	por tanto
καρδία	corazón	ἄλλος	otro
οὐρανός	cielo	ἔσω	dentro
πόθεν	de dónde	ὑπό	por (toma el genitivo)
ἐρημία	desierto		

γάρ, por (nunca empieza una oración; usualmente es la segunda palabra)

μετά, con (toma el genitivo; se acorta a μετ' antes de una vocal)
δέ, pero (nunca como primera palabra en una oración)

Ejercicio: Traduzca los siguientes versículos con la ayuda del significado provisto. Corrija el resultado, comparándolo con el texto del Nuevo Testamento. Luego vuelva a traducir al griego lo que usted escribió, sin mirar al ejercicio, y después corrija el griego comparándolo con el ejercicio.

εἶπον (dijeron) οὖν αὐτῷ, Μὴ (no) καὶ (también) σὺ (tú) ἐκ τῶν μαθητῶν αὐτοῦ εἶ; (Jn 18.25).

ἔλεγον (dijo) οὖν αὐτῷ οἱ ἄλλοι μαθηταί (Jn 20.25).

ἦσαν ἔσω οἱ μαθηταὶ αὐτοῦ καὶ Θωμᾶς (Tomás) μετ' αὐτῶν (Jn 20.26) (aquí, esta palabra no es "de ellos", sino "ellos", después de la preposición μετά, puesto que toma el genitivo). Σίμων καὶ (también) αὐτὸς ἐπίστευσεν (creyó) (Hch 8.13).

Δημητρίῳ (a Demetrio) μεμαρτύρηται (se ha testificado) ὑπὸ πάντων (todos) καὶ ὑπὸ αὐτῆς τῆς ἀληθείας (3 Jn 12).

καὶ (ambas cosas) κύριον αὐτὸν καὶ Χριστὸν ἐποίησεν (ha hecho) ὁ θεός, τοῦτον τὸν Ἰησοῦν (Jesús; para las dos palabras que anteceden, vea la regla 1, bajo οὗτος, lección 4; note que el sujeto de la frase es ὁ θεός) (Hch 2.36).

Χάρις δὲ τῷ θεῷ τῷ δόντι (el que da, o pone) τὴν αὐτὴν σπουδὴν ... ἐν τῇ καρδίᾳ Τίτου (2 Cor 8.16).

τῶν γὰρ τοιούτων ἐστὶν ἡ βασιλεία τῶν οὐρανῶν (Mt 19.14).

οἱ γὰρ τοιοῦτοι τῷ κυρίῳ ἡμῶν (nuestro) Χριστῷ οὐ δουλεύουσιν (sirven; toma el dativo) (Ro 16.18).

καὶ λέγουσιν (dicen) αὐτῷ οἱ μαθηταί, Πόθεν ἡμῖν (a nosotros) ἐν ἐρημίᾳ ἄρτοι τοσοῦτοι (Mt 15.33).

EL PRONOMBRE RELATIVO

Nota 1: El pronombre relativo ὅς, ἥ, ὅ, "quien, que, cual", tiene las mismas terminaciones que οὗτος, αὕτη, τοῦτο, (véase la lección anterior) y, por lo tanto, como las terminaciones de la 1ª y 2ª declinaciones.

Nota 2: Cada forma tiene el espíritu, o aspiración, fuerte.

Nota 3: Algunas formas de este pronombre son idénticas a las del artículo ὁ , ἡ , τό pero siempre llevan acento (inclinándose hacia la izquierda en el texto, pero hacia la derecha cuando se hallan solas, como abajo). Hay que distinguirlas. Las formas iguales en ambos paradigmas son las siguientes: en el singular, el nom. fem. y neut., y el ac. neut.; en el plural, el nom. masc. y fem. Por ejemplo: ὁ es "el", pero ὅ es "cual".

Singular

	Masc.		Fem.		Neut.	
N.	ὅς	quien o que	ἥ	quien o que	ὅ	cual
G.	οὗ	de quien o cuyo	ἧς	de quien o cuyo	οὗ	de lo cual
D.	ᾧ	a quien	ᾗ	a quien	ᾧ	a lo cual
A.	ὅν	a quien o que	ἥν	a quien o que	ὅ	cual

Plural

(Los significados son los mismos que en el singular)

	Masc.	Fem.	Neut.
N.	οἵ	αἵ	ἅ
G.	ὧν	ὧν	ὧν
D.	οἷς	αἷς	οἷς
A.	οὕς	ἅς	ἅ

Regla 1: El pronombre relativo hace referencia a un nombre o pronombre mencionado anteriormente en otra cláusula, y este nombre o pronombre se llama su antecedente. Así, en οὐδεὶς (nadie) γὰρ (por) δύναται (puede) ταῦτα τὰ σημεῖα (estas señales) ποιεῖν (hacer) ἅ (que) σὺ (tú) ποιεῖς (haces) (Jn 3.2), el pronombre relativo ἅ se refiere a σημεῖα, el antecedente.

Regla 2: Los pronombres relativos concuerdan con sus antecedentes en número y, por lo general, en género, pero no en caso. Así, en ὁ ἀστὴρ (la estrella) ὃν εἶδον (que vieron) . . . προῆγεν (iba delante) αὐτοὺς (de ellos) (Mt 2.9), ὅν es masculino singular, en concordancia con el antecedente ἀστήρ, pero el caso difiere.

Regla 3: El caso de un pronombre relativo depende (con ciertas excepciones) de la función que tiene en la cláusula en que se encuentra. Así, en λειτουργὸς (ministro) . . . τῆς σκηνῆς (del tabernáculo) τῆς ἀληθινῆς (el verdadero) ἥν (que) ἔπηξεν (levantó) ὁ κύριος (el Señor) (Heb 8.2), ἥν está en el caso acusativo porque es el complemento del verbo ἔπηξεν. De nuevo, en παντὶ (a todo) ... ᾧ (a quien) ἐδόθη (se ha dado) πολύ (mucho) (Lc 12.48), ᾧ está necesariamente en dativo.

PRONOMBRES POSESIVOS

Los pronombres posesivos se declinan igual que los adjetivos de la primera y segunda declinaciones (véase ἀγαθός, lección 4). Ellos son:

	Masc.	Fem.	Neut.	
1ª pers.	ἐμός	ἐμή	ἐμόν	mío
	ἡμέτερος	ἡμετέρα	ἡμέτερον	nuestro
2ª pers.	σός	σή	σόν	tuyo
	ὑμέτερος	ὑμετέρα	ὑμέτερον	vuestro

Para la tercera persona ("suyo" = "de él, de ella, de ello") se usa el caso genitivo (sing. y plur.) de αὐτός, αὐτή, αὐτό, "él, ella, ello" (véase lección 5), o el caso genitivo del pronombre reflexivo ἑαυτοῦ, (véase más abajo), que significa "suyo propio". En cuanto al anterior, αὐτοῦ ("suyo, de él") se traduce "su, suyo", al igual que el femenino y el neutro. Así, "sobre sus hombros" es ἐπὶ τοὺς ὤμους αὐτοῦ, lit. "sobre los hombros de él" (ὦμος, hombro).

Regla: un nombre lleva artículo cuando está calificado por un pronombre posesivo o por el genitivo de un pronombre personal. El pronombre αὐτοῦ, αὐτῆς, αὐτοῦ (su, suyo; de él, ella o ello), o αὐτῶν (su, suyo, de ellos) puede colocarse antes o después del conjunto artículo-nombre. Así, "su hijo" sería ὁ υἱὸς αὐτοῦ o bien αὐτοῦ ὁ υἱός. El artículo puede repetirse con otros pronombres posesivos (véanse las frases 4 y 5 en el ejercicio que sigue).

Vocabulario

νεκρός, -ά, -όν . . . . muerto

πρεσβύτερος . . . . anciano

ἀγρός . . . . campo

ὀφθαλμός . . . . ojo

καρδία . . . . corazón

ἕτοιμος, -η, ό . . . . listo, lista

καιρός . . tiempo, hora (oportunidad)

οὔπω . . . . todavía no

πάντοτε . . . . siempre

Ejercicio

Apréndase el vocabulario anterior. Luego, traduzca las oraciones que aparecen a continuación. Coteje su resultado con alguna versión en castellano (la Reina-Valera, preferiblemente) y haga las correcciones pertinentes. Después de esto, retraduzca las oraciones al griego. Utilice el Nuevo Testamento Griego solo cuando sea necesario; corrija su traducción con ese mismo texto.

(1) ὅτι (porque) οὗτος ὁ υἱός μου νεκρός ἦν (Lc 15.24).

(2) Ἦν δὲ (pero, ahora) ὁ υἱὸς αὐτοῦ ὁ πρεσβύτερος ἐν ἀργῷ (Lc 15.25. Note que esta oración empieza con el verbo "era"; el sujeto, "su hijo", viene después).

(3) Τετύφλωκεν (ha cegado) αὐτῶν τοὺς ὀφθαλμοὺς καὶ ἐπώρωσεν (ha endurecido) αὐτῶν τὴν καρδίαν (Jn 12.40).

(4) καὶ ἡ κοινωνία (comunión) δὲ (en verdad) ἡ ἡμετέρα ... μετά (con; toma el genitivo) τοῦ υἱοῦ αὐτοῦ Ἰησοῦ Χριστοῦ ("es" se omite) (1 Jn 1.3).

(5) λέγει (dice) οὖν (por consiguiente) αὐτοῖς ὁ Ἰησοῦς, Ὁ καιρὸς ὁ ἐμὸς οὔπω πάρεστιν (ha venido), ὁ δὲ καιρὸς ὁ ὑμέτερος πάντοτέ ἐστιν ἕτοιμος (Jn 7.6).

EL VERBO REGULAR

Estudiaremos las partes más sencillas del verbo regular antes de considerar los nombres, adjetivos y pronombres de la tercera declinación. Veamos algunas notas introductorias.

Nota 1: En griego hay tres *voces*: (1) *la voz activa* (como en español), indica que una persona, animal o cosa hace algo; ej. λύω, desato; (2) *la voz media,* (que en castellano corresponde a las formas reflexivas del verbo) y que significa que una persona, animal o cosa hace algo por o consigo mismo, (esto es, en interés propio); p. ej. λύομαι, me desato; (3) *la voz pasiva* (como en español), que significa que la acción se hace sobre la persona, animal o cosa; p. ej. λύομαι, soy desatado. En muchos aspectos, esta voz es igual que la media.

Nota 2: Hay cinco *modos:* (1) *indicativo,* que se usa para hacer una afirmación, indicando que algo es percibido como real; p. ej. "desato"; (2) el *imperativo*, que se usa para ordenar; p. ej. "desata (tú)"; (3) el *subjuntivo,* que afirma una suposición o condición; p. ej. "(que yo) desate"; (4) el *optativo*, que se usa para expresar deseos, y en otras maneras que se explicarán luego; (5) el *infinitivo,* que expresa una acción o estado (igual que el infinitivo en español); p. ej. "desatar". Con frecuencia se usa este último como nombre verbal; p. ej. "la acción de desatar".

Nota 3: Hay también un conjunto de adjetivos verbales llamados *participios*. También son usados como nombres. Los trataremos separadamente.

Nota 4: En la voz activa hay seis *tiempos* , que representan el presente, el pasado o el futuro. La mayoría de estos tiempos se conjugan en todos los modos y participios. En el indicativo los tiempos son:

1 *Presente*:	λύω, desato o estoy desatando
2 *Futuro*:	λύσω, desataré
3 *Imperfecto*:	ἔλυον, desataba
4 *Aoristo*:	ἔλυσα, desaté
5 *Perfecto*:	λέλυκα, he desatado
6 *Pluscuamperfecto*:	ἐλελύκειν, había desatado

Nota 5: En griego hay dos tipos de *conjugaciones*. Por algún tiempo nos ocuparemos del modo indicativo de la primera conjugación, cuyos verbos terminan en ω. Los restantes modos los estudiaremos después de ver la clase restante de nombres y pronombres. El propósito de este orden es capacitar al estudiante más rápidamente para leer ciertos pasajes de las Escrituras.

CONJUGACIÓN DEL VERBO EN - ω-
VOZ ACTIVA

Modo indicativo

Notas introductorias

(1) Las terminaciones después de la raíz λυ- deben escribirse por separado y memorizarse. Luego memorice la forma completa del verbo de muestra.

(2) La letra característica del tiempo futuro es - σ- antes de las terminaciones, que son las mismas del tiempo presente.

(3) Se llama *aumento* a la vocal ἐ- que precede a las formas del imperfecto, del primer aoristo y del pluscuamperfecto, y caracteriza a estos tiempos como pasados o históricos.

(4) Se llama *reduplicación* a la sílaba inicial λε- con que empiezan las formas del perfecto y del pluscuamperfecto; es decir, se trata de una sílaba duplicada.

(5) Note la -σ- en el primer aoristo, y la vocal característica -α- excepto en la tercera persona del singular.

(6) Note la -κ- en el perfecto y pluscuamperfecto. Las terminaciones del perfecto son las mismas que las del primer aoristo.

Presente

Singular		Plural	
λύω	desato	λύομεν	desatamos
λύεις	desatas	λύετε	desatáis
λύει	desata	λύουσι	desatan

Futuro

λύσω	desataré	λύσομεν	desataremos
λύσεις	desatarás	λύσετε	desataréis
λύσει	desatará	λύσουσι	desatarán

Imperfecto

ἔλυον	desataba	ἐλύομεν	desatábamos
ἔλυες	desataba	ἐλύετε	desatabais
ἔλυε	desataba	ἔλυον	desataban

Primer aoristo

ἔλυσα	desaté	ἐλύσαμεν	desatamos
ἔλυσας	desataste	ἐλύσατε	desatasteis
ἔλυσε	desató	ἔλυσαν	desataron

Perfecto

λέλυκα	he desatado	λελύκαμεν	hemos desatado
λέλυκας	has desatado	λελύκατε	habéis desatado
λέλυκε	ha desatado	λελύκασι	han desatado

Pluscuamperfecto

ἐλελύκειν	había desatado	ἐλελύκειμεν	habíamos desatado
ἐλελύκεις	habías desatado	ἐλελύκειτε	habíais desatado
ἐλελύκει	había desatado	ἐλελύκεισαν	habían desatado.

Notas adicionales

Nota 1: Algunos verbos tienen un segundo aoristo, cuyas terminaciones son como las del imperfecto. El significado es el mismo que el del primer aoristo.

Nota 2: Como hemos observado en ἐστί (o ἐστίν), la letra –ν se añade a la tercera persona singular cuando la palabra es la última en la oración, o cuando la próxima palabra empieza con una vocal. Esta –ν se añade también a la tercera persona del plural cuando esta termina en –σι.

LECCIÓN 7

MODO INDICATIVO *(continuación)*

Los verbos πιστεύω, creo; δουλεύω, sirvo; προφητεύω, profetizo; νηστεύω, ayuno; κελεύω, ordeno; βασιλεύω, reino; παύω, hago cesar; y κλείω, cerrar (entre otros) se conjugan como λύω. El estudiante, que debe haber memorizado ya el modo indicativo de λύω, debe escribir en español todos *los tiempos* de ese modo del verbo "creer", en todas las personas del singular y del plural, y luego escribir el griego correspondiente de memoria. Esto debe hacerlo para familiarizarse completamente con las formas del griego, lo que facilitará el progreso. Como ejemplo de lo que tenemos que hacer, daremos el presente y el primer aoristo:

Presente de indicativo

creo	πιστεύω	creemos	πιστεύομεν
crees	πιστεύεις	creéis	πιστεύετε
cree	πιστεύει	creen	πιστεύουσι

Primer aoristo de indicativo

creí	ἐπίστευσα	creímos	ἐπιστεύσαμεν
creíste	ἐπίστευσας	creísteis	ἐπιστεύσατε
creyó	ἐπίστευσε	creyeron	ἐπίστευσαν

(Conjugue todo el modo indicativo de esta manera, en el orden correcto de los tiempos.)

Los siguientes verbos consisten de λύω combinado con una preposición: ἀπολύω, desatar, dejar en libertad, alejar; καταλύω, destruir. Al añadir el aumento ἐ- para el imperfecto, el aoristo y el pluscuamperfecto de tales verbos compuestos, la vocal final de la preposición sencillamente se cambia a -ε- . Así el imperfecto de ἀπολύω es ἀπέλυον y el aoristo es ἀπέλυσα.

Memorice el vocabulario que sigue y los verbos que se dan al principio de esta lección. Después, proceda con el ejercicio.

Vocabulario

κύριος...................	señor	μέχρι....................	hasta
δοῦλος...........	siervo, esclavo	θάνατος...............	muerte
νῦν.....................	ahora	ἀλλά.....................	pero
ναός...................	templo	ἀπό...................	de, desde
μαθητής..............	discípulo		

Ejercicio: Traduzca los siguientes versículos, sin recurrir a las versiones en castellano. Corrija los resultados cotejándolos con el texto del Nuevo Testamento. Luego vuelva a traducir al griego las frases, sin referirse al texto griego. Después, corrija los resultados.

(1) ὁ κύριος τοῦ δούλου ἐκείνου (véase lección 4, regla 1) ἀπέλυσεν (1er aoristo) αὐτόν (Mt 18.27).

(2) Νῦν ἀπολύεις τὸν δοῦλόν σου (Lc 2.29).

(3) Ἐγὼ καταλύσω τόν ναόν τοῦτον (Mc 14.58).

(4) ἐπίστευσαν εἰς (en) αὐτὸν οἱ μαθηταὶ αὐτοῦ (Jn 2.11).

(5) πεπιστεύκατε ὅτι (que) ἐγὼ παρὰ (de) τοῦ θεοῦ ἐξῆλθον (salí) (Jn 16.27).

(6) ἐγὼ πεπίστευκα (tiempo perfecto, como en RVR) ὅτι σὺ εἶ (ver el verbo "ser, estar") ὁ Χριστὸς ὁ υἱὸς τοῦ θεοῦ (Jn 11.27).

(7) ἀλλὰ ἐβασίλευσεν ὁ θάνατος ἀπὸ Ἀδὰμ μέχρι Μωυσέως (Moisés). (En griego, los nombres abstractos suelen llevar artículo. Hay oraciones en que este artículo no debe traducirse.)

(8) καὶ ἐβασίλευσαν μετὰ (con) τοῦ Χριστοῦ (Ap 20.4; el sujeto de la oración es "ellos" y está incluido en el verbo).

(9) βασιλεύσουσιν (futuro) μετ' αὐτοῦ (Ap 20.6).

Para facilitar la lectura del Nuevo Testamento en griego, debemos estudiar las restantes declinacinones de los nombres, adjetivos y pronombres.

Antes de continuar, el estudiante debe repasar cuidadosamente los nombres de la primera y segunda declinaciones, πύλη (lección 2), βασιλεία, γλῶσσα, μαθητής, νεανίας, λόγος y ἔργον· (lección 3), los adjetivos ἀγαθός y ἅγιος (lección 4), y los pronombres οὗτος, ἐκεῖνος, αὐτός (lección 4), memorizando todo lo que haya olvidado. Esto es necesario para distinguir las formas ya estudiadas de las que veremos a continuación, y en especial, para reconocer la tercera declinación.

NOMBRES Y ADJETIVOS CONTRACTOS DE LA SEGUNDA DECLINACIÓN

Nota: Al hablar de contracción nos referimos a la combinación de dos vocales distintas para formar un solo sonido. Hay muy pocos nombres y adjetivos contractos, pero es preciso notarlos.

Regla 1: Por lo general, cuando la vocal -o-, en la sílaba final, es precedida por ε en la raíz, las dos vocales se contraen, formando un sonido -ου (que se pronuncia como en "pus"). Así νόος (νό-ος), mente, entendimiento, se vuelve νοῦς; ὀστέον, hueso, se convierte en ὀστοῦν.

Regla 2: Cuando una omega va precedida por ε o o, ambas vocales se combinan para formar -ω. Así, νόῳ llega a ser νῷ.

Regla 3: Las vocales -εη se combinan para formar -η, y las vocales -εα se combinan para formar -η o -α.

La declinación de los siguientes adjetivos ilustra estas reglas.

νοῦς, mente, entendimiento

	Singular		Plural	
Nom.	(νόος)	νοῦς	(νόοι)	νοῖ
Voc.	(νόε)	νοῦ	(νόοι)	νοῖ
Gen.	(νόου)	νοῦ	(νόων)	νῶν
Dat.	(νόῳ)	νοῷ	(νόοις)	νοῖς
Acc.	(νόον)	νοῦν	(νόους)	νοῦς

Nota: Las palabras no siempre se contraen. Así, en Jn 19.36 encontramos ὀστοῦν (forma contracta de ὀστέον), pero en Heb 11.22 se escribe ὀστέων en vez de ὀστῶν. (No es necesario aprenderse el paradigma del neutro ὀστοῦν.)

ADJETIVOS CONTRACTOS

| | | Singular | | | Plural | |
	M.	F.	N.	M.	F.	N.
N.	χρυσοῦς	χρυσῆ	χρυσοῦν	χρυσοῖ	-αῖ	-ᾶ
[V.	χρύσεε	χρυσῆ	χρυσοῦν	[χρυσοῖ	-αῖ	-ᾶ]
G.	χρυσοῦ	χρυσῆς	χρυσοῦ	χρυσῶν	-ῶν	-ῶν
D.	χρυσῷ	χρυσῆ	χρυσοῳ	χρυσοῖς	-αῖς	οῖς
A.	χρυσοῦν	χρυσῆν	χρυσοῦν	χρυσοῦς	-ᾶς	-ᾶ

Conforme a las reglas estudiadas, χρύσεος, χρυσέα, χρύσεον, dorado, dorada, se vuelven χρυσοῦς, χρισῆ, χρισοῦν, etc.

DOS ADJETIVOS IRREGULARES

Nota: Los siguientes adjetivos son importantes, puesto que aparecen muy a menudo. Por tanto, es necesario memorizarlos. Son irregulares solo en el masculino y neutro singular, que presentan formas acortadas.

μέγας, grande

Singular

	Masc.	Fem.	Neut.
Nom.	μέγας	μεγάλη	μέγα
Gen.	μεγάλου	μεγάλης	μεγάλου
Dat.	μεγάλῳ	μεγάλη	μεγάλῳ
Ac.	μέγαν	μεγάλην	μέγα

Plural

El plural es regular, como si fuera de μεγάλος, y se escribe μεγάλοι, μεγάλαι, μεγάλα, etc.

πολύς, muchos

Singular

	Masc.	Fem.	Neut.
Nom.	πολύς	πολλή	πολύ
Gen.	πολλοῦ	πολλῆς	πολλοῦ

Plural

El plural es regular, como si fuera de πολλός, y se escribe πολλοί, πολλαί, πολλά, etc.

	Masc.	Fem.	Neut.
Dat.	πολλῷ	πολλῇ	πολῷ
Ac.	πολύν	πολλήν	πολύ

LA TERCERA DECLINACIÓN

Nota introductoria: Los nombres en esta declinación pertenecen a los tres géneros. Hay bastante variedad y, por tanto, es necesario ofrecer varios paradigmas, pero todos siguen una forma sencilla que presenta poca o ninguna dificultad.

Lo esencial es conocer la *raíz,* es decir, la parte elemental de la palabra, sin terminaciones o inflexiones. Casi siempre puede encontrarse la raíz a partir del genitivo singular, quitando la terminación de inflexión. Note que el genitivo singular en la tercera declinación usualmente termina en -ος. Quítese el -ος y obtendrá la raíz, que será una guía en el caso nominativo.

Empezaremos con dos formas sencillas, una de un nombre masculino (el femenino será igual) y la otra de uno neutro. Cuando se aprenda estos, el resto vendrá fácilmente.

αἰών, edad, era (masc.)
raíz, αἰών-

	Singular			Plural
N.	αἰών	edad	αἰῶνες	edades
V.	αἰών	¡oh edad!	αἰῶνες	¡oh edades!
G.	αἰῶνος	de una edad	αἰώνων	de edades
D.	αἰῶνι	a una edad	αἰῶσι(ν)	a edades
A.	αἰῶνα	edad	αἰῶνας	edades

ῥῆμα, palabra (neut.)
raíz, ῥηματ

	Singular	Plural
Nom.	ῥῆμα	ῥήματα
Voc.	ῥῆμα	ῥήματα
Gen.	ῥήματος	ῥημάτων
Dat.	ῥήματι	ῥήμασι(ν)
Ac.	ῥῆμα	ῥήματα

Notas

(1) El nominativo y el vocativo son iguales; en el neutro, también el acusativo es igual (como sucede en la primera y segunda declinaciones).

(2) La terminación -α del acusativo singular era originalmente -ν, como en las otras declinaciones. Varios nombres de la tercera declinación, cuyas raíces terminan en vocal, retienen la -ν. Más adelante se los ilustraremos. La terminación -α deberá, no obstante, considerarse como normal.

(3) La terminación del genitivo singular es -ος, la cual se añade a la raíz.

(4) La terminación del dativo singular es -ι, añadida a la raíz.

(5) En los nombres masculinos y femeninos, a la raíz del nominativo plural se le añade -ες. Los plurales neutros siempre terminan en -α, como en el nominativo, vocativo y acusativo.

(6) El acusativo masculino plural termina en -ας.

(7) Para formar el genitivo plural, hay que agregar la terminación -ων a la raíz. Todos los genitivos plurales terminan en -ων.

(8) Para formar el dativo plural, a la raíz se le agrega la terminación -σι, con varias modificaciones. La -ν entre corchetes en el dativo plural no pertenece a la palabra; se añade al final de una oración, o cuando la siguiente palabra empieza con vocal; esto ocurre sencillamente por cuestión de pronunciación.

TERCERA DECLINACIÓN *(continuación)*

Regla 1: La terminación usual del nominativo singular es -ς añadida a la raíz. Las terminaciones del nominativo son muy variadas y presentan diferencias respecto de la raíz vista en los otros casos. Ciertos principios gobiernan la formación del nominativo, pero no hay que aprenderlos. Sencillamente sirven para mostrar que la variedad de nombres de la tercera declinación se basa en una forma de terminación de caso. El estudiante debe familiarizarse con los ejemplos que se dan, y debe tener presente las otras terminaciones de casos, es decir, -α, -ος, -ι, del singular, y -ας, -ων, -σι, del plural, como ya se ha aprendido en el nombre αἰών.

Primero tomaremos el nombre κῆρυξ, heraldo. El paradigma es como sigue:

	Singular	Plural
Nom.	κῆρυξ	κήρυκες
Voc.	κῆρυξ	κήρυκες
Gen.	κήρυκος	κηρύκων
Dat.	κήρυκι	κήρυξι
Ac.	κήρυκα	κήρυκας

Surge una pregunta: ¿por qué el nominativo y el vocativo singular, y el dativo plural tienen una ξ mientras que el resto de los casos tienen una κ? La explicación es la siguiente:

Cuando la raíz (aquí κήρυκ-) termina en κ, γ, o χ (que se llaman *guturales*), la adición de la ς a la raíz produce la letra ξ en el nominativo y vocativo singular, y en el dativo plural. Así, κῆρυκ más la ς no resulta en κῆρυκς, sino en κῆρυξ. Los casos restantes retienen la κ-.

Tomemos otro nombre con raíz gutural:

En Heb 1.8 el estudiante verá la palabra φλογός. Esta palabra está en caso genitivo. Quítese la terminación -ος y queda la raíz φλογ-. La concordancia muestra que el nominativo es φλόξ. La ξ se debe a la combinación de las letras γ y ς. Así, νυκτός (Mc 5.5) es el genitivo de νύξ, "noche". Como práctica, decline por completo φλόξ, φλόξα, etc. (dat. plur. φλοξί) y νύξ, νύκτα, etc. Para hacer esto, siga el modelo de κῆρυξ.

Ahora tomaremos el nombre Ἄραψ, árabe. El paradigma es el siguiente:

Nom.	Ἄραψ	Ἄραβες
Voc.	Ἄραψ	Ἄραβες
Gen.	Ἄραβος	Ἀράβων
Dat.	Ἄραβι	Ἄραψι
Ac.	Ἄραβα	Ἄραβας

Se ve que la raíz es Ἄραβ-. Cuando una raíz termina en π, β, o φ (llamadas *labiales*), la adición de la ς a la raíz produce la letra ψ. Así, Ἄραβ- más ς no produce Ἄραβς, sino Ἄραψ.

Veamos ahora un tercer ejemplo: En Hch 4.25, aparece la palabra παιδός (caso genitivo). La concordancia muestra que el nominativo es παῖς. Quítese el -ος y tenemos la raíz παιδ-. El paradigma es el siguiente:

	Singular	Plural
Nom.	παῖς	παῖδες
Voc.	παῖς	παῖδες
Gen.	παιδός	παίδων
Dat.	παιδί	παισί
Ac.	παῖδα	παῖδας

Observamos que la raíz es παιδ-. Siempre que una raíz termina en τ, δ o θ (llamadas *dentales*) la adición de la ς hace que se pierda la τ, δ, o θ. Por esto, παιδς se convierte en παῖς y παιδσί se vuelve παισί. De forma similar, ἐλπιδ- es la raíz de ἐλπίς, esperanza. Siguiendo el modelo de παῖς, el estudiante debe declinar de memoria ἐλπίς en todos su casos.

Nota: Los nombres de la tercera declinación cuyas raíces en el nominativo terminan en -ις, -υς, -αυς y ους, por lo general tienen, en el acusativo singular, una forma corta, que termina en -ν. Así, mientras que la raíz de χάρις, *gracia (o gracias) es* χαριτ- *(de allí que el genitivo sea* χάριτος *y el dativo* χάριτι), *el acusativo es* χάριν, (χάριτα, *en Hch 24.27, es una excepción).*

Tomemos una cuarta variedad: ἰχθύος, "de un pez". Quítese la terminación –ος y tenemos la raíz ἰχθυ-. Esta raíz termina en una vocal. En estos casos, cuando la raíz termina en una vocal, el nominativo se forma añadiendo la ς; "pez" es ἰχθύς.

Teniendo en mente la nota que se acaba de dar, referente a que el acusativo de los nombres que terminan en -υς etc., no termina en -α, sino en -ν, tenemos el siguiente paradigma para ἰχθύς:

	Singular	Plural
Nom.	ἰχθύς	ἰχθύες
Voc.	ἰχθύς	ἰχθύες
Gen.	ἰχθύος	ἰχθύων
Dat.	ἰχθύϊ	ἰχθύσι
Ac.	ἰχθύν	ἰχθῦς

Regla 2 (no es necesario memorizarla). Cuando una raíz termina en -ν, -ντ o -ς, el nominativo se forma alargando la vocal precedente. Por lo general, sucede lo mismo con las raíces que terminan en -ρ.

Tomemos ποιμεν-, raíz de la palabra "pastor", como ejemplo. El nominativo es ποιμήν (nótese la η en lugar de ε); el acusativo es ποιμένα, el genitivo ποιμένος, etc. Nótese que el dativo plural es ποιμέσι (no ποιμένσι, la ν se pierde antes de ς). De igual forma, λέων, león (raíz, λεοντ-) tiene como acusativo λέοντα, genitivo λέοντος, etc. El dativo plural es λέουσι, no λέοντσι (esta sería una combinación demasiado extraña para los oídos griegos); nótese la ω en el nominativo, en lugar de la ο. También sucede lo mismo con ῥήτωρ, orador (raíz, ῥήτορ-), que tiene como acusativo ῥήτορα, etc. El dativo plural es ῥήτορσι.

Como práctica, decline por completo ποιμήν, λέων y ῥήτωρ.

Nota: Uno o dos nombres que terminan en ρ son un poco irregulares. El estudiante debe memorizar Los dos siguientes:

πατήρ, padre

	Singular	Plural
Nom.	πατήρ	πατέρες
Voc.	πάτερ*	πατέρες
Gen.	πατρός	πατέρων
Dat.	πατρί	πατράσι
Ac.	πατέρα	πατέρας

(Note la ε corta.)

Nota: μήτηρ, madre, y θυγάτηρ, hija, se declinan de la misma manera. Decline completamente ambas palabras; hágalo de memoria, sin olvidar la forma corta en el dativo singular y en el genitivo singular y plural; así como la α en el dativo plural.

ἀνήρ, hombre

	Singular	Plural
Nom.	ἀνήρ	ἄνδρες
Voc.	ἄνερ	ἄνδρες
Gen.	ἀνδρός	ἀνδρῶν
Dat.	ἀνδρί	ἀνδράσι
Ac.	ἄνδρα	ἄνδρας

Nota: ἀστήρ, estrella, mantiene la ε en todas sus formas (por ejemplo, el gen. es ἀστέρος), excepto en el dativo plural, que es α.

Ejercicio

Antes de hacer el siguiente ejercicio, aprenda el siguiente vocabulario y repase el modo indicativo de λύω.

λέγω	digo	ἑπτά	siete
τηρέω	guardo	ἀστήρ	estrella, astro
ποιέω	hago	ὀφθαλμός	ojo
πιστεύω	creo	βίος	vida
φανερόν	manifiesto	ἀρχή	principio, comienzo
κόσμος	mundo	σημεῖον	señal
ἐπιθυμία	codicia	δόξα	gloria
σάρξ	carne (gen. σαρκός)	μαθητής	discípulo
διάκονος	servidor	νύξ	noche
καλό ς, -ή, -ό.ν	bueno	φυλακή	guardia, vigilia
οἶνος	vino	λυχνία	candelero
ἕως	hasta	ἀλαζονεία	vanagloria
ἄρτι	ahora		

Traduzca los siguientes versículos. Luego corríjalos, utilizando el texto bíblico en español. Después retradúzcalos al griego:

(1) λέγει ἡ μήτηρ αὐτοῦ τοῖς διακόνοις (Jn 2.5).

(2) σὺ τετήρικας (véase τηρέω en el vocabulario arriba. ¿Qué tiempo se indica al duplicar la sílaba τε-?) τὸν καλὸν οἶνον ἕως ἄρτι. Ταύτην ἐποίησεν (1er aoristo de ποιέω; note el aumento ἐ-) ἀρχὴν τῶν σημείων ὁ Ἰησοῦς ἐν Κανὰ τῆς Γαλιλαίας καὶ ἐφανέρωσεν (1er aoristo de φανερόω) τὴν δόξαν αὐτοῦ καὶ ἐπίστευσαν εἰς (en) αὐτὸν οἱ μαθιταὶ αὐτοῦ (Jn 2.10b-11).

(3) τετάρτῃ ("a la cuarta") δὲ φυλακῇ (este es un dativo de tiempo; de aquí que la frase entera significa "a la cuarta vigilia") τῆς νυκτὸς ἦλθεν (vino) πρὸς (a) αὐτοὺς (Mt 14.25).

(4) οἱ ἑπτὰ ἀστέρες ἄγγελοι τῶν ἑπτὰ ἐκκλησιῶν εἰσιν καὶ αἱ λυχνίαι αἱ ἑπτὰ ἑπτὰ ἐκκλησίαι εἰσίν (Ap 1.20b).

(5) πεπιστεύκαμεν τὴν ἀγάπην ἣν ἔχει ὁ θεὸς ἐν ἡμῖν (nosotros) (1 Jn 4.16).

(6) ὅτι πᾶν τὸ ἐν τῷ κόσμῳ, ἡ ἐπιθυμία τῆς σαρκὸς καὶ ἡ ἐπιθυμία τῶν ὀφθαλμῶν καὶ ἡ ἀλαζονεία τοῦ βίου, οὐκ ἔστιν ἐκ τοῦ πατρὸς ἀλλ᾽ ἐκ τοῦ κόσμου ἐστίν. (1 Jn 2.16). Tenga presente que ὅτι es "porque"; πᾶν τό es "todo lo"; es decir, "todo lo que es".

(7) Πέτρος δὲ καὶ Ἰωάννης ἀνέβαινον εἰς τὸ ἱερὸν ἐπὶ τὴν ὥραν τῆς προσευχῆς τὴν ἐνάτην. (Hch 3.1). ἀνέβαινον es la tercera personal plural, tiempo imperfecto de ἀναβαίνω, subir; el aumento se forma cambiando la vocal final de la preposición ἀνα, "arriba", a –ε; βαίνω es "voy"; el aumento debe venir inmediatamente antes de este. Así sucede cuando se combina una preposición con un verbo. ἱερόν, "templo"; ἐπί "a"; προσευχή, "oración"; ἐνάτος, "noveno".

(8) εὑρίσκει Φίλιππος τὸν Ναθαναὴλ καὶ λέγει αὐτῷ, Ὃν ἔγραψεν Μωυσῆς ἐν τῷ νόμῳ καὶ οἱ προφῆται εὑρή-καμεν, Ἰησοῦν υἱὸν Ἰωσὴφ τὸν ἀπὸ Ναζαρέτ (Jn 1.45). ἔγραψεν es la tercera persona singular del primer aoristo de γράφω, "escribo"; εὑρήκαμεν es la primera persona plural del perfecto de εὑρίσκω, "hallo".

LECCIÓN 9

La TERCERA DECLINACIÓN *(continuación)*

Regla 3: Algunos nombres terminados en -ις y -ευς forman el genitivo en -εως, en lugar de en -ος. Memorice los siguientes ejemplos:

πόλις, ciudad (femenino)
(raíz, πολι-)

	Singular	Plural	
Nom.	πόλις	πόλεις	(por πόλεες)
Voc.	πόλι	πόλεις	(")
Gen.	πόλεως	πόλεων	
Dat.	πόλει	πόλεσι	
Ac.	πόλιν	πόλεις	(por πόλεας)

(Note el acusativo en -ιν; véase la nota en la lección 8)

También δύναμις, poder; κρίσις, juicio; y ὄφις, serpiente (entre otros) se declinan como πόλις.

βασιλεύς, rey

	Singular	Plural	
Nom.	βασιλεύς	βασιλεῖς	(por βασιλέες)
Voc.	βασιλεῦ	βασιλεῖς	(")
Gen.	βασιλέως	βασιλέων	
Dat.	βασιλεῖ	βασιλεῦσι	
Ac.	βασιλέα	βασιλεῖς	(por βασιλέας)

Note (1) la terminación -εα, ordinaria del acusativo; (2) el nom., voc., y ac. plural en -εες y -εες contraen estas vocales dobles en ει (por eufonía).

Los siguientes nombres también se declinan como βασιλεύς: γραμματεύς, escriba; γονεύς, padre (genérico).

NOMBRES NEUTROS DE LA TERCERA DECLINACIÓN

Estos nombres son importantes, y son de dos clases principales. Recuerde que todos los neutros tienen la misma forma para los casos nominativo, vocativo y acusativo.

(1) La mayoría se conforma al modelo de ῥῆμα que se da en la página 88. Aprenda los siguientes:

αἷμα	sangre	ὄνομα	nombre
γράμμα	carta	πνεῦμα	espíritu
θέλημα	voluntad	στόμα	boca
κρίμα	juicio	σῶμα	cuerpo

Hay unas pocas palabras, que no terminan en -μα, que son neutras y pertenecen a esta categoría, como πῦρ, fuego (genitivo πυρός); φῶς, luz, (genitivo, φωτός) τέρας, maravilla (genitivo τέρατος).

(2) Otros neutros, terminados en -ος, tienen algunas terminaciones contraídas. Memorice el siguiente modelo:

γένος, raza, generación

	Singular	Plural	
Nom.	γένος	(γένεα)	γένη
Voc.	γένος	(γένεα)	γένη
Gen.	(γένεος) γένους	(γενέων)	γενῶν
Dat.	γένει		γένεσι
Ac.	γένος	γένεα)	γένη

Nota 1: El genitivo singular γενέος se contrae a γένους; el nominativo, vocativo y acusativo γένεα se contrae a γένη; y el genitivo plural γενέων a γενῶν.

Nota 2: Estos neutros, terminados en -ος, deben distinguirse de los nombres masculinos de la segunda declinación que tienen la misma terminación (como λόγος, lección 3). El estudiante se acostumbrará rápidamente a las dos variedades según se encuentran en el Nuevo Testamento.

Nota 3: Estos neutros plurales en -η (por -εα) deben distinguirse de las terminaciones femeninas de la primera declinación en -η, como πύλη (lección 2). El contexto generalmente ayuda a distinguirlos.

ADEJTIVOS QUE CONTIENEN FORMAS
DE LA TERCERA DECLINACIÓN

Los hay de dos clases: (1) los que contienen terminaciones de la primera declinación tanto como de la tercera; y (2) los que tienen la misma forma en el masculino y en el femenino.

(I) Estos adjetivos son de gran importancia; los adjetivos verbales (llamados participios), se forman de estos modelos. Puesto que los participios son paralelos a los adjetivos que se han de aprender ahora, los estudiaremos juntos.

ADJETIVOS

Forma I: ἑκών, -οῦσα, -όν, *dispuesto*

Singular

	Masculino	Femenino	Neutro
Nom.	ἑκών	ἑκοῦσα	ἑκόν
Voc.	ἑκών	ἑκοῦσα	ἑκόν
Gen.	ἑκόντος	ἑκούσης	ἑκόντος
Dat.	ἑκόντι	ἑκούσῃ	ἑκόντι
Ac.	ἑκόντα	ἑκοῦσαν	ἑκόν

Plural

	Masculino	Femenino	Neutro
Nom.	ἑκόντες	ἑκοῦσαι	ἑκόντα
Voc.	ἑκόντες	ἑκοῦσαι	ἑκόντα
Gen.	ἑκόντων	ἑκουσῶν	ἑκόντων
Dat.	ἑκοῦσι	ἑκούσαις	ἑκόῦσι
Ac.	ἑκόντας	ἑκούσας	ἑκόντα

Nota: El femenino se conforma a la primera declinación (véase γλῶσσα, lección 3), mientras que el masculino y el neutro lo hacen a la tercera declinación.

Forma II: πᾶς, πᾶσα, πᾶν, todo, cada.

	Singular			Plural		
	M.	F.	N.	M.	F.	N.
Nom.	πᾶς	πᾶσα	πᾶν	πάντες	πᾶσαι	πάντα
Voc.	πᾶς	πᾶσα	πᾶν	πάντες	πᾶσαι	πάντα
Gen.	παντός	πάσης	παντός	πάντων	πασῶν	πάντων
Dat.	παντί	πάσῃ	παντί	πᾶσι	πάσαις	πᾶσι
Ac.	πάντα	πᾶσαν	πᾶν	πάντας	πάσας	πάντα

PARTICIPIOS

PARTICIPIOS PRESENTES

Los participios presentes de la voz activa del verbo se forman exactamente como se indica arriba. Son adjetivos verbales, y califican a los nombres tal y como lo hacen los adjetivos. En griego, el participio presente de εἰμί (véase lección 3) es, en los tres géneros, ὤν, οὖσα, ὄν. Nótese que, si quitamos la ἐκ- de ἑκών (véase arrib)a, tenemos todas las formas del participio. Así, ὤν, "que es" ("siendo") se declina como sigue:

	Singular			Plural		
	M.	F.	N.	M.	F.	N.
Nom.	ὤν	οὖσα	ὄν	ὄντες	οὖσαι	ὄντα
Voc.	ὤν	οὖσα	ὄν	ὄντες	οὖσαι	ὄντα
Gen.	ὄντος	οὔσης	ὄντος	ὄντων	οὐσῶν	ὄντων
Dat.	ὄντι	οὔσῃ	ὄντι	οὖσι	οὔσαις	οὖσι
Ac.	ὄντα	οὖσαν	ὄν	ὄντας	οὔσας	ὄντα

Volviendo al verbo λύω, el participio presente es λύων, λύουσα, λῦον, y significa "desatando". Estas formas pueden calificar tanto a algunos nombres o pronombres como simplemente al artículo definido. Siempre hay concordancia en caso, número y género. Así, en Heb 1.7, ὁ ποιῶν es, literalmente, "El que hace", y se traduce "quien hace". Otros ejemplos: en 1 Co 15.57, tenemos: τῷ δὲ θεῷ χάρις τῷ διδόντι (literalmente: "Pero a Dios gracias, al que da") ἡμῖν ("a nosotros") ὁ νῖκος ("la victoria"; para νῖκος, véase γένος, en el paradigma ya dado); en Stg 1.5, παρὰ τοῦ διδόντος θεοῦ es "del Dios que da". En la siguiente frase note el participio femenino λέγουσαν "diciendo," que concuerda con el fem. φωνήν, "voz": ἤκουσεν (oyó, 1er aoristo de ἀκούω, oigo) φωνὴν λέγουσαν αὐτῷ, Σαοὺλ Σαούλ, (Saulo, Saulo), τί (por qué) με διώκεις (me persigues) (Hch 9.4).

Ejercicio

Después de aprender el vocabulario que aparece a continuación, traduzca los siguientes textos y corrija su resultado comparándolo con la versión en español. Luego vuelva a traducirlo al griego, corrigiendo sus resultados con el texto griego.

Ἴδε . . . . mirad, miren
ἀμνός . . . . cordero, oveja
αἴρω . . . . quito, llevo
ποιέω . . . . hacer
διάβολος . . . . diablo
ἀπ᾽ ἀρχῆς . . . . desde (el) principio
ἔχω . . . . tener

ἁμαρτάνω . . . . pecar
ἀγάπη . . . . amo
μένω . . . . quedar, permanecer
μαρτυρία . . . . testimonio
μή . . . . no
αἰώνιος, -ος, -ον . . . . eterno

(1) Τῇ ἐπαύριον βλέπει τὸν Ἰησοῦν ἐρχόμενον πρὸς αὐτὸν καὶ λέγει, Ἴδε ὁ ἀμνὸς τοῦ θεοῦ ὁ αἴρων τὴν ἁμαρτίαν τοῦ κόσμου (Jn 1.29); note que el artículo ὁ y el participio αἴρων concuerdan; literalmente, esto es "el que lleva".

(2) ὁ ποιῶν τὴν ἁμαρτίαν ἐκ τοῦ διαβόλου ἐστίν, ὅτι ἀπ᾽ ἀρχῆς ὁ διάβολος ἁμαρτάνει (1 Jn 3.8a).

(3) Ὁ θεὸς ἀγάπη ἐστίν, καὶ ὁ μένων ἐν τῇ ἀγάπῃ ἐν τῷ θεῷ μένει καὶ ὁ θεὸς ἐν αὐτῷ μένει (1 Jn 4.16b).

(4) ὁ πιστεύων εἰς τὸν υἱὸν τοῦ θεοῦ ἔχει τὴν μαρτυρίαν ἐν ἑαυτῷ (en sí mismo) (1 Jn 5.10a).

(5) 11 καὶ αὕτη ἐστὶν ἡ μαρτυρία, ὅτι ζωὴν αἰώνιον ἔδωκεν ἡμῖν ὁ θεός, καὶ αὕτη ἡ ζωὴ ἐν τῷ υἱῷ αὐτοῦ ἐστιν. 12 ὁ ἔχων τὸν υἱὸν ἔχει τὴν ζωήν ὁ μὴ ἔχων τὸν υἱὸν τοῦ θεοῦ τὴν ζωὴν οὐκ ἔχει (1 Jn 5.11-12). Note que αἰώνιος tiene la misma forma en el femenino que en el masculino; por tanto, αἰώνιον es femenino y concuerda con ζωήν, aun cuando la forma parece ser masculina. ἔδωκεν significa "dio"; su sujeto es ὁ θεός.

LOS PARTICIPIOS DE LA VOZ ACTIVA *(continuación)*

Así como el participio presente, terminado en -ων, -ουσα, -ον, (p. ej, λύων, desatando) corresponde al presente del indicativo (λύω, yo suelto) y en realidad es un adjetivo (véase la lección anterior), así también *el participio futuro* (p. ej. λύσων, "estar a punto de desatar") corresponde al futuro del indicativo (λύσω, "desataré"; véase el verbo λύω, lección 6). El participio futuro se declina de la misma forma que el participio presente en todos los casos, números y géneros. Por consiguiente, el participio futuro de λύω es λύσων, λύσουσα, λῦσον. (Repase el participio presente en la lección 9, y forme el participio futuro según el modelo, añadiendo la σ en la mitad de la palabra.) El uso del participio futuro es raro.

No hay participio que corresponda al tiempo imperfecto del indicativo (ἔλυον, lección 6).

El *participo del primer aoristo* termina en -ας, -ασα, -αν, y se declina exactamente como el adjetivo πᾶς, πᾶσα, πᾶν (véase lección 9). Este participio corresponde al primer aoristo de indicativo (p. ej. ἔλυσα, "desaté", véase lección 6). De este modo, el participio aoristo de λύω es λύσας, λύσασα, λῦσαν (para los tres géneros). Nótese que el aumento, ἐ- (en ἔλυσα) se pierde. Esto significa que el participio no es ἔλυσας sino λύσας. No hay aumento en ninguna forma verbal que no sea del modo indicativo.

Siguiendo el modelo de πᾶς, πᾶσα, πᾶν, el estudiante debe declinar λύσας, λύσασα, λῦσαν de memoria. Hágalo en todos los números, géneros y casos.

El participio del primer aoristo es muy común. Estudie los siguientes pasajes:

(a) ὁ πέμψας με es "El que me ha enviado"; πέμψας es el nom. masc. sing., participio primer aoristo de πέμπω, "envío"

(futuro, πέμψω, "enviaré"; es decir, por πέμπσω, πσ, se convierte en ψ); concuerda en caso, número y género con el artículo ὁ.

(b) ἵνα ("para que") ἀπόκρισιν ("una respuesta"; acusativo de ἀπόκρισις) δῶμεν ("podamos dar") τοῖς ("a los") πέμψασιν ("que han enviado") ἡμᾶς ("a nosotros"). Note que πέμψασιν es el dativo masc. plural, que concuerda con τοῖς. Este uso del participio con el artículo es muy frecuente.

El *participio perfecto* (que termina en -ως, -υια, -ος) corresponde al perfecto del indicativo (p. ej. λέλυκα "he desatado", véase la lección 6). Así, el participio perfecto de λύω es λελυκώς, λελυκυῖα, λελυκός (para los tres géneros). El acusativo es λελυκότα, λελυκυῖαν, λελυκός; el masculino y neutro tienen terminaciones de la tercera declinación, y el femenino tiene terminaciones de la primera declinación, con -α- en todos los casos, pues la letra precedente es una vocal (-ι-), no una consonante (véase lección 3, nota 1). Los tiempos y participios del modo indicativo que se han aprendido hasta ahora pueden colocarse de la siguiente manera:

	Modo indicativo (1ª *persona*)		*Participios* (*Nominativo*)	
Presente	λύω	λύων	λύουσα	λῦον
Imperfecto	ἔλυον		no existe	
Futuro	λύσω	λύσων	λύσουσα	λῦσον
Primer aoristo	ἔλυσα	λύσας	λύσασα	λῦσαν
Perfecto	λέλυκα	λελυκώς	λελυκυῖα	λελυκός
Pluscuamperfecto	ἐλελύκειν		no existe	

Ejercicio: El que haya estudiado con cuidado todas las lecciones hasta este punto, podrá ahora traducir considerables porciones del Nuevo Testamento, con la ayuda de un vocabulario y de la traducción de unas pocas palabras aquí y allá (que analizaremos más adelante). Tomaremos las primeras siete líneas (1.1-3a) de la

Epístola a los Hebreos. Aprenda los significados que aparecen entre corchetes, y remítase a las lecciones pasadas, según se mencionan. Estudie el pasaje repetidas veces. Vuelva a traducirlo. Si el tiempo lo permite, apréndalo de memoria.

Πολυμερῶς (adverbio que significa "en muchas porciones") καὶ πολιτρόπως ("de muchas maneras") πάλαι ("anteriormente" o "en la antigüedad") ὁ θεὸς λαλήσας (participio del 1er aoristo de λαλέω, hablo; véase arriba λύσας: "habiendo hablado") τοῖς πατράσιν (dativo plural de πατήρ; véase lección 8) ἐν (por, en; ἐν con frecuencia tiene este significado en lugar de "en") τοῖς προφήταις (véase bajo μαθητής lección 3, nota 3), ἐπ' (por ἐπί, preposición que, cuando le sigue el caso genitivo, quiere decir "en"; la ι se omite antes de la ἐ de la siguiente palabra) ἐσχάτου (ἔσχατος, -η, -ον, "último" se sobreentiende "el"; "al último", o "al final") τῶν ἡμερῶν τούτων (ἡμέρα, "día"; para τούτων véase lección 4, regla 2; note que el orden aquí es el mismo que en ἡ φωνὴ αὕτη ; es decir: artículo-nombre-adjetivo demostrativo) ἐλάλησεν (3ª persona singular primer aoristo de λαλέω) ἡμῖν (a nosotros) ἐν υἱῷ, ὅν (lección 5, aquí como acusativo, puesto que es el objeto de ἔθηκεν) ἔθηκεν ("designó, nombró") κληρονόμον ("heredero"; ac. sing., concordando en caso y género con ὅν) πάτων, ("de todas las cosas"; gen. plur. neut. de πᾶς ; lit. "de todo") δι' (por διά, que, cuando le sigue el genitivo, quiere decir "por") οὗ (véase lección 5; caso genitivo "quien") καὶ ("también") ἐποίησεν (1er aoristo de ποιέω, hago) τοὺς αἰῶνας (lección 7) ὅς ὢν (participio presente de εἰμί ("ser, estar") ἀπαύγασμα (refulgencia, resplandor; el artículo no se expresa en griego, pero se debe insertar en la versión en español) τῆς δόξης (lección 2, nota 2, y vocabulario; aquí el artículo significa "la gloria" (de él)", es decir, "su gloria") καὶ χαρακτὴρ ("impresión"; o "misma imagen"; nuestra palabra "carácter" es transliteración de este vocablo, pero aquí no es traducción) τῆς ὑποστάσεως (ὑπόστασις "substancia"; como πόλις, lección 9) αὐτοῦ (lit. "de él", es decir: "su"; véase αὐτός, lección 5), φέρων (participio presente de φέρω, llevo, sostengo) τε ("y", siempre viene segundo en la clásula) τὰ πάντα ("todas cosas"; ac. plur. neut.; el artículo τά no se debe traducir) τῷ ("por el"; el caso dativo expresa aquí el instrumento, y se llama dativo instrumental; por eso debe traducirse "por") ῥήματι (dativo de ῥῆμα, véase lección 7, p. 52) τῆς δυνάμεως (gen. de δύναμις, poder, como πόλις), αὐτοῦ ("suya", de él).

Con la ayuda del siguiente vocabulario, traduzca los versículos 7 y 8 del mismo capítulo:

εὐθύτης	rectitud	ῥάβδος	cetro, cayado
πῦρ	fuego	πρός	a, hacia
φλόξ	llama	μέν	en verdad
λειτουργός	ministro	λέγω	decir

Hebreos 1.7: καὶ πρὸς μὲν τοὺς ἀγγέλους λέγει, Ὁ ποιῶν τοὺς ἀγγέλους αὐτοῦ πνεύματα καὶ τοὺς λειτουργοὺς αὐτοῦ πυρὸς φλόγα. 8 πρὸς δὲ τὸν υἱόν, Ὁ θρόνος σου ὁ θεός εἰς τὸν αἰῶνα τοῦ αἰῶνος, καὶ ἡ ῥάβδος τῆς εὐθύτητος ῥάβδος τῆς βασιλείας σου.

Note que ὁ ποιῶν es "el (que) hace" (participio presente, debemos traducir por "el que hace"; ὁ θεός es "oh Dios"; la siguiente frase es, literalmente, "hasta la edad de la edad", pero en español equivale a "para siempre jamás" o "por los siglos de los siglos", y se debe traducir así.

ADJETIVOS DE LA TERCERA DECLINACIÓN
CON DOS TERMINACIONES

El femenino de estos adjetivos no tiene forma propia. Los hay de dos tipos. El primer tipo consiste de una forma sencilla que termina en -ων, con la raíz en -ον y, por lo tanto, con el genitivo en -ονος, etc. Debe distinguirse estos adjetivos de los que terminan en -ων (con el genitivo en -οντος), que formas diferentes para los tres géneros (véase ἑκών, ἑκοῦσα, ἑκόν, lección 9). El siguiente es un ejemplo:

σώφρων, de mente sobria (raíz: σωφρον-)

	Singular		Plural	
	M. y F.	Neut.	M. y F.	Neut
Nom.	σώφρων	σῶφρον	σώφρονες	σώφρονα
Voc.	σῶφρον	σῶφρον	σώφρονες	σώφρονα
Gen.	σώφρονος	σώφρονος	σωφρόνων	σωφρόνων
Dat.	σώφρονι	σώφρονι	σώφροσι	σώφροσι
Ac.	σώφρονα	σῶφρον	σώφρονας	σώφρονα

El segundo tipo de adjetivo termina en -ης (neut. -ες). Las vocales dobles las contrae en un solo sonido. *Esta es una clase de adjetivos numerosa e importante.* Las formas contractas del siguiente paradigma deben memorizarse muy bien (las formas no contractas, señaladas entre corchetes, son muy regulares y las terminaciones ya deben saberse).

ἀληθής, -ές, verdadero

Singular

		Masc. y Fem.	Neut.
Nom.		ἀληθής	ἀληθές
Voc.		ἀληθές	ἀληθές
Gen.	(ἀληθέος)	ἀληθούς	ἀληθούς
Dat.	(ἀληθέϊ)	ἀληθεῖ	ἀληθεῖ
Ac.	(ἀληθέα)	ἀληθῆ	ἀληθές

Plural

	Masc. y Fem.		Neut.	
Nom.	(ἀληθέες)	ἀληθεῖς	(ἀληθέα)	ἀληθῆ
Voc.	(ἀληθέες)	ἀληθεῖς	(")	ἀληθῆ
Gen.	(ἀληθέων)	ἀληθῶν	(ἀληθέων)	ἀληθῶν
Dat.		ἀληθέσι		ἀληθέσι
Ac.	(ἀληθέας)	ἀληθεῖς	(")	ἀληθῆ

PRONOMBRES PERSONALES

Memorice la siguiente tabla:

Primera persona

	Singular		Plural	
Nom.	ἐγώ	yo	ἡμεῖς	nosotros
Gen.	ἐμοῦ (μου)	de mí, mío	ἡμῶν	de nosotros, nuestro
Dat.	ἐ μοί (μοι)	a mí, para mí	ἡμῖν	a nosotros, para nosotros
Ac.	ἐ μέ (με)	a mí, me	ἡμᾶς	a nosotros, nos

Segunda persona

	Singular		Plural	
Nom.	σύ	tú	ὑμεῖς	vosotros
Gen.	σοῦ	de ti, tuyo	ὑμῶν	de vosotros, vuestro
Dat.	σοί	de ti, para ti	ὑμῖν	a vosotros, para vosotros
Ac.	σέ	te, a ti	ὑμᾶς	os, a vosotros

Para los pronombres de la *tercera persona,* "él, ella, ello", αὐτός, αὐτή, αὐτό, véase la lección 5.

PRONOMBRES REFLEXIVOS

Los pronombres reflexivos son pronombres personales que, en griego, se usan para referirse con énfasis a la misma persona, animal o cosa del sujeto. Para obtener el mismo efecto, en español se usan las palabras "mismo, misma", como, por ejemplo, "yo mismo, él mismo".

Entre las formas que ocurren en el Nuevo Testamento, se incluyen las siguientes:

ἐμαυτόν	yo mismo	ἑαυτῶν	de nosotros mismos, de ellos mismos
σεαυτοῦ	de ti mismo		
σεαυτόν	tú mismo	ἑαυτοῖς	a vosotros mismos, a ustedes mismos
ἑαυτόν (o αὐτόν)	él mismo	ἑαυταῖς	a vosotras mismas, a ustedes mismas
ἑαυτήν (o αὐτήν)	ella misma	ἑαυτούς, ἑαυτάς, etc.	

Nota 1: Cuando αὐτός, -ή, -ό está inmediatamente después de un nombre o pronombre al que está conectado, quiere decir "mismo". Así, ὁ ἄνθρωπος αὐτός es "el hombre mismo"; ὁ αὐτός ἄνθρωπος es "el mismo hombre".

Nota 2: El uso reflexivo de αὐτός debe distinguirse con todo cuidado del uso personal de "él". Cuando se usa en el nominativo, con el sujeto, siempre es enfático: p. ej. αὐτὸς ἐγὼ... δουλεύω, "yo mismo sirvo" (Ro 7.25); αὐτοὶ γὰρ ὑμεῖς θεοδίδακτοί ἐστε "porque vosotros mismos sois enseñados de Dios", (1 Ts 4.9).

Nota 3: La ε- de ἑαυτόν, etc., con frecuencia se pierde y la palabra se contrae a αὐτόν, etc. En dicho caso, αὐτός, "él mismo" y las otras formas deben distinguirse de αὐτός, "él", etc.

Nota 4: Este pronombre reflexivo para la tercera persona también se usa para la primera y segunda personas, cuando no hay ambigüedad. Así, ἑαυτοῖς es "en nosotros mismos" (Ro 8.23), en lugar de ἐν ἡμῖν αὐτοῖς. De nuevo, τὶν ἑαυτῶν σωτηρίαν es "vuestra propia salvación" (lit. "la salvación de vosotros mismos"; Flp 2.12), en lugar de τὴν ὑμῶν αὐτῶν σωτηρίαν.

Otros ejemplos son: βλέπετε δὲ ὑμεῖς ἑαυτούς, "pero presten atención a ustedes mismos" (Mc 13.9; cf. 2 Jn 8); προσέχετε ἑαυτοῖς, "cuidaos vosotros mismos" (Lc 12.1).

(Repase los pronombres demostrativos, lección 4, y los pronombres personales y relativos, lección 5).

PRONOMBRES INDEFINIDOS

El pronombre τις (masc. y fem.), τι (neut.) quiere decir "alguien", "cualquiera", "un cierto", "alguno". Se declina como sigue; las terminaciones son las de la tercera declinación. El masculino y el femenino son iguales:

	Singular		Plural	
	M. y F.	Neut.	M. y F.	Neut.
Nom.	τις	τι	τινες	τινα
Gen.	τινος	τινος	τινων	τινων
Dat.	τινι	τινι	τισι	τισι
Ac.	τινα	τι	τινας	τινα

Ejemplos: εἰσίν τινες ὧδε "hay algunos aquí" (Mc 9.1); Ἑκατοντάρχου δέ τινος (y de un cierto centurión) δοῦλος (un siervo) (Lc 7.2); Ἄνθρωπός τις ἦν πλούσιος, "había un cierto rico", lit. "un cierto hombre era rico" (Lc 16.1); οὔτε (ni) ὕψωμα (altura) οὔτε (ni) βάθος (lo profundo) οὔτε (ni) τις (alguna) κτίσις (criatura) ἑτέρα (otra) (Ro 8.39).

Nota 1: El pronombre indefinido τις nunca empieza una oración.

Nota 2: Si se lo usa con un nombre, generalmente va después de este.

Nota 3: Otros pronombres indefinidos son οὔτις y μήτις; ambos significan "nadie". Se forman al añadir τις a las negaciones οὐ y μή, "no".

PRONOMBRES INTERROGATIVOS

El pronombre interrogativo simple es τίς, τί, "¿quién? ¿qué?" En forma es exactamente igual al pronombre indefinido τις, τι, con la única diferencia de que lleva acento (a veces, grave: inclinado de izquierda a derecha). Debe tenerse sumo cuidado para diferenciarlos.

Ejemplos: Τίς ἐστιν ἡ μήτηρ μου καὶ τίνες εἰσὶν οἱ ἀδελφοί μου "¿Quién es mi madre, y quiénes son mis hermanos?" (Mt 12.48); τίνα σεαυτὸν ποιεῖς "¿Quién te haces a ti mismo?" (Jn 8.53).

Hay un uso adjetivado de τίς en concordancia con un nombre; p. ej. Τί σημεῖον (¿Qué señal) δεικνύεις (muestras tú) ἡμῖν (a nosotros?) (Jn 2.18).

También deben memorizarse los siguientes pronombres interrogativos, que corresponden a los pronombres relativos οἷος y ὅσος que se estudiarán más adelante. Todos tienen terminaciones de la 1ª y 2ª declinaciones.

Cualitativo: ποῖος, -α, -ον, *"¿de qué clase?"*

Cuantitativo: πόσος, -η, -ον, "¿cuánto, cuántos?"

El plural πόσοι, -αι, -α, significa "¿cuántos?"

Hay un pronombre relativo, ὁποῖος, "¿de qué clase?", que corresponde a ποῖος; ocurre cinco veces en el Nuevo Testamento. En Hch 26.29 se traduce "tales cual"; en 1 Co 3.13, "cual sea"; en Gl 2.6: "lo que"; en 1 Ts 1.9 y Stg 1.24: "la manera en que".

El indefinido relativo, "quienquiera", "lo que quiera", se forma combinando τις, τι, con ὅς, ἥ, ὅ, y ambas partes se declinan como sigue:

Singular

	Masc.	Fem.	Neut.
Nom.	ὅστις	ἥτις	ὅ,τι
Gen.	οὗτινος	ἧστινος	οὗτινος
Dat.	ᾧτινι	ᾗτινι	ᾧτινι
Ac.	ὅντινα	ἥντινα	ὅ,τι

Plural

	Masc.	Fem.	Neut.
Nom.	οἵτινες	αἵτινες	ἅτινα
Gen.	ὧντινων	ὧντινων	ὧντινων
Dat.	οἷστισι	αἷστισι	οἷστισι
Ac.	οὕστινας	ἅστινας	ἅτινα

Nota: El genitivo singular masculino se acorta a ὅτου en la frase ἕως ὅτου, "mientras", "hasta que" (lit. "hasta cualquier" [tiempo]; véase Mt 5.25).

Otros pronombres relativos son:

Cualitativo: οἷος, -α, -ον, "tal como"

Cuantitativo: ὅσος, -η, -ον, "tan grande como, tanto como", y su plural ὅσοι, -αι, -α, "tantos como". Compare estos pronombres con los pronombres interrogativos indicados arriba (ποῖος y πόσος).

La siguiente tabla resume los principales pronombres y sus correspondencias:

Demostrativo οὖτος (este)	Relativo ὅς (quien)	Interrogativo τίς (¿quién?)	Indefinido τις (alguno)
τοιοῦτος (uno tal)	οἷος (tales como)	ποῖος (¿de qué clase?)	—————
τοσοῦτος (tanto)	ὅσος (tanto como)	πόσος (¿cuánto?)	—————
τοσοῦτοι (tantos)	ὅσοι (tantos como)	πόσοι (¿cuántos?)	—————

PRONOMBRES DISTRIBUTIVOS

(1) ἄλλος, ἄλλη, ἄλλο, "otro" (de la misma clase, parecido). El plural denota "otros". Se declina como ὅς, ἥ, ὅ.

(2) ἕτερος, ἑτέρα, ἕτερον, "otro" (de clase diferente).

(3) ἀλλήλων, ἀλλήλοις, ἀλλήλους, "de cada uno, a cada uno, cada uno"; este pronombre se usa solo en genitivo, dativo y acusativo plural.

(4) ἕκαστος, -η, -ον, cada; este se usa solo en singular.

Vocabulario y ejercicio

Aprenda las siguientes palabras y traduzca el pasaje que sigue, corrigiendo su traducción usando la versión Reina Valera. Retraduzca el texto al griego sin mirar el ejercicio; luego, coteje sus resultados con el texto y haga las correcciones pertinentes.

οἰκοδομέω	construyo	δέ	pero
οἰκία	casa	κύριος	señor
πέτρα	roca	φυτεύω	planto
πρός	a (con acusativo)	ποτίζω	riego
ἀληθινός	verdadero	οὖν	por tanto
σπείρω	siembro	διάκονος	ministro
θερίζω	siego	ὡς	como
ποῦ	¿dónde?	ὥστε	entonces
γογγυσμός	murmullo	ποιέω	hago
περί	respecto a	ἀκούω	oigo
ὄχλος	multitud	οὔτε	ni
μέν	en verdad	φρόνιμος	prudente

Traduzca el siguiente texto con la ayuda de las notas que se proveen:

(1) Ἐγὼ μέν εἰμι Παύλου, ἔτερος δέ, Ἐγω Ἀπολλῶ, οὐκ ἄνθρωποί ἐστε; 5 τί οὖν ἐστί Ἀπολλώς; τί δέ ἐστίν Παῦλος; διάκονοι δι᾽ ὧν ἐπιστεύσατε, καὶ ἑκάστῳ ὡς ὁ κύριος ἔδωκεν. 6 ἐγὼ ἐφύτευσα, Ἀπολλὼς ἐπότισεν, ἀλλὰ ὁ θεὸς ηὔξανεν· 7 ὥστε οὔτε ὁ φυτεύων ἐστίν τι οὔτε ὁ ποτίζων ἀλλ᾽ ὁ αὐξάνων θεός. 8 ὁ φυτεύων δὲ καὶ ὁ ποτίζων ἕν εἰσιν. (1 Co 3.4b-8a). Note el significado especial de ἔτερος, "otro" de carácter diferente, no otro de la misma clase (en este último caso, la palabra sería ἄλλος); δι᾽ por διά, que con el genitivo (ὧν) denota "mediante" o "por medio de"; ἐπιστεύσατε, 2ª persona plural, primer aoristo de πιστεύω; ἔδωκεν "dio" (que se explicará más adelante); note que τί es "qué" (neut. de τίς), pero τι, sin el acento en el versículo 7, es "algo". ¿Qué es la ἐ en ἐφύτευσα, y en ἐπότισεν (véase lección 6, nota 3)?

Los verbos como ποτίζω que terminan en -ίζω en el tiempo presente cambian la ζ por una σ en el primer aoristo; ηὔξανεν es el tiempo imperfecto de αὐξάνω "fue dado el crecimiento"; note que el aumento de la ἀ- es ἠ- no ἑα; ἕν, "uno", es el neutro de εἷς, μία, ἕν (masc., fem. y neut., respectivamente) y se debe distinguir de ἐν, "en". Podría traducirse por "una cosa". Note las cuatro veces que aparece el artículo ὁ con el participio presente; en dichos casos, la traducción debe ser "el que planta", etc.

(2) Πᾶς οὖν ὅστις ἀκούει μου τοὺς λόγους τούτους καὶ ποιεῖ αὐτούς, ὁμοιωθήσεται ἀνδρὶ φρονίμῳ, ὅστις ᾠκοδόμησεν αὐτοῦ τὴν οἰκίαν ἐπι τὴν πέτραν (Mt 7.24). Πᾶς es "todos" o "cada uno"; para μου, véase el principio de esta lección. Para τούτους véase la lección 4, regla 2, ὁμοιωθήσεται "será asemejado". ᾠκοδόμησεν es la tercera persona singular del primer aoristo de οἰκοδομέω; note que el aumento de los verbos que empiezan en οἰ se forma convirtiendo la partícula οἰ en ᾠ con la iota suscrita. Los verbos que terminan en -έω forman el futuro con terminación en -ήσω, y el primer aoristo en -ήσα.

(3) ἦσαν δέ τινες ἐξ αὐτῶν ἄνδρες Κύπριοι καὶ Κυρηναῖοι, οἵτινες ἐλθόντες εἰς Ἀντιόχειαν ἐλάλουν καὶ πρὸς τοὺς Ἑλληνιστάς εὐαγγελιζόμενοι τὸν κύριον Ἰησοῦν (Hch 11.20). Traduzca ἦσαν por "había"; ἐξ, "de" o "desde"; Κύπριοι, "Chipre"; ἐλθόντες, "habiendo venido" (véase más adelante); ἐλάλουν es la tercera persona plural del imperfecto de λαλέω, "hablo"; el -ουν está en lugar del -εον; εὐαγγελιζόμενοι, "predicar" (véase más adelante).

(4) ἐν γὰρ τούτῳ ὁ λόγος ἐστὶν ἀληθινὸς ὅτι Ἄλλος ἐστίν ὁ σπείρων καὶ ἄλλος ὁ θερίζων (Jn 4.37); Ἄλλος ... ἄλλος es "uno . . . otro".

(5) Καὶ γογγυσμὸς περὶ αὐτοῦ ἦν πολὺς ἐν τοῖς ὄχλοις· οἱ μὲν ἔλεγον ὅτι Ἀγαθός ἐστιν, ἄλλοι [δὲ] ἔλεγον, Οὔ, ἀλλὰ πλανᾷ τὸν ὄχλον (Jn 7.12); οἱ μέν es "algunos en verdad"; el "a la verdad" se debe omitir en la traducción; Οὔ es "no"; πλανᾷ "engaña".

LECCIÓN 12

EL VERBO *(continuación)*

MODO IMPERATIVO

Ya que hemos estudiado el modo indicativo (que hace afirmaciones) y los participios (o adjetivos verbales) correspondientes a los tiempos de ese modo, ahora consideraremos el modo imperativo (que da órdenes).

Hay solo tres tiempos en el modo imperativo: el presente, que da una orden indicando una acción continua o repetida (p. ej.: λῦε, "desata tú, y continúa haciéndolo"); el primer aoristo, que da una orden sin referencia a su continuación o frecuencia (p. ej.: λῦσον, "desata"; una sola acción) y el perfecto, (p. ej.: λέλυκε, "en efecto has desatado, y permanecerá así"); el uso de este último es raro. No hay futuro imperativo. Hay dos personas: la segunda y la tercera.

La siguiente taba debe aprenderse de memoria y luego escribirse en una columna paralela a los tiempos del modo indicativo, tiempo contra tiempo donde corresponden.

Tiempo presente (acciones continuas)

Singular

| 2ª persona | λῦε | desata (tú) |
| 3ª persona | λυέτω | desate (él, ella, ello) |

Plural

| 2ª persona | λύετε | desatad |
| 3ª persona | λυέτωσαν ο λυόντων | desaten |

Primer aoristo (acción momentánea)

Singular

2ª persona	λῦσον	desata (tú)
3ª persona	λυσάτω	desate (él, ella, ello)

Plural

2ª persona	λύσατε	desatad
3ª persona	λυσάτωσαν ο	desaten
	λυσάντων	

Perfecto

	Singular	Plural
2ª persona	λέλυκε	λελύκετε
3ª persona	λελυκέτω	λελυκέτωσαν ο λελυκόντων

(Los significados del perfecto imperativo son: "en efecto tú has desatado", "que él haya desatado"; "en efecto vosotros habéis desatado", "que ellos, ellas, hayan desatado".

Nota 1: No hay aumento ϵ- en el primer aoristo de imperativo; tampoco ocurre el aumento fuera del modo indicativo.

Nota 2: Observe la -σ- característica del primer aoristo, y la reduplicación (λϵ-) característica del perfecto, como en el modo indicativo.

Nota 3: El aoristo imperativo es muy frecuente en el Nuevo Testamento, y debe prestársele mucha atención.

El siguiente vocabulario sirve de guía para el ejercicio que se presentará a continuación. Apréndase los verbos y, de tener el tiempo, toda la lista. Después, traduzca los seis pasajes en el ejercicio, cotejando el resultado con el texto en español para corregirlo. Retraduzca los pasajes al griego, y corrija el resultado con el texto en griego.

ναός.................. templo

ἀπολύω .... suelto

ἐκεῖνος .... (véase la lección 4;
plural "esos")

_____

ὅθεν.................. por tanto

ἅγιος, -α, -ον............. santo

κλῆσις.... llamado (gen. κλήσεως)

ἐπουράνιος, -α, ον...... celestial

μέτοχος .... participante

κατανοέω .... considero

Ἀρχιερεύς .... sumo sacerdote
(ver lección 9)

πιστός, -ή, όν............. fiel

ὅλος, -η, -ον .... todo

οἶκος .... casa

_____

γεμίζω . lleno (el futuro es γεμίσω)

ὑδρία .... cántaro para agua

ὕδωρ......... agua (gen. ὕδατος;
que se explicará más adelante)

ἕως..................... hasta

ἄνω .... borde, orilla

ἀντλέω ... saco (usado de agua, etc.
futuro ἀντλήσω)

_____

φέρω .... llevo, cargo

ἀρχιτρίκλινος .... mayordomo
de una fiesta

_____

μή .. no (usado siempre en lugar de οὐ
.... con el imperativo)

θησαυρίζω .... atesoro

θησαυρός .... tesoro

ἐπί .... sobre, acerca (cuando se usa
con genitivo)

γή .... tierra

ὅπου .... donde

σής .... polilla

βρῶσις .... óxido

ἀφανίζω.............. corrompo

κλέπτης .... ladrón

διορύσσω .... irrumpo

κλέπτω .... robo

καρδία .... corazón

Ejercicio sobre el modo imperativo

Traduzca:

(1) Λύσατε (λύω aquí quiere decir "destruir") τὸν ναὸν τοῦτον (Jn 2.19). Note el primer aoristo, 2ª persona plur., "destruid".

(2) Ἀπόλυσον τοὺς ἀνθρώπους ἐκείνους (Hch 16.35).

(3) Ὑμεῖς (vosotros) οὖν (pues, por tanto) ἀκούσατε τὴν παραβολὴν (Mt 13.18; el Ὑμεῖς es enfático).

(4) Ὅθεν, ἀδελφοὶ ἅγιοι, κλήσεως ἐπουρανίου μέτοχοι, κατανοήσατε τὸν ἀπόστολον καὶ ἀρχιερέα τῆς ὁμολογίας ἡμῶν Ἰησοῦν, 2 πιστὸν ὄντα τῷ ποιήσαντι αὐτὸν ὡς καὶ

Μωϋσῆς ἐν ὅλῳ τῷ οἴκῳ αὐτοῦ (Heb 3.1,2, con la ayuda del vocabulario). Nota 1: κατανοήσατε es el primer aoristo imperativo, 2ª persona plural de κατανοέω; los verbos terminados en -έω hacen el futuro en -ήσω, alargando la ε a η. Lo mismo sucede con el 1er. aoristo; así, el futuro de ποιέω es ποιήσω. Nota 2: ὄντα es acusativo, participio presente masc. sing. de εἰμί; Nota 3: ποιήσαντι es participio dat. sing. del primer aoristo de ποιέω, "hago".

(5) λέγει αὐτοῖς ὁ Ἰησοῦς, Γεμίσατε τὰς ὑδρίας ὕδατος. καὶ ἐγέμισαν αὐτὰς ἕως ἄνω. 8 καὶ λέγει αὐτοῖς, Ἀντλήσατε νῦν καὶ φέρετε τῷ ἀρχιτρικλίνῳ, (Jn 2.7, 8a). El genitivo ὕδατος aquí significa "de agua" (el genitivo debe traducirse "de" después de un verbo que denota "llenar"). Note la diferencia en los tiempos de los verbos en modo imperativo en este versículo: Γεμίσατε y Ἀντλίσατε son primeros aoristos ("llenad" y "sacad", respectivamente; un solo acto en cada caso); pero φέρετε es un tiempo presente, "llevando" (en este cambio del tiempo, hay una sugerencia singularmente delicada de cortesía, reconociendo el lugar de honor que tenía el mayordomo de la fiesta).

(6) Μὴ θησαυρίζετε ὑμῖν θησαυροὺς ἐπὶ τῆς γῆς, ὅπου σὴς καὶ βρῶσις ἀφανίζει καὶ ὅπου κλέπται διορύσσουσιν καὶ κλέπτουσιν· 20 θησαυρίζετε δὲ ὑμῖν θησαυροὺς ἐν οὐρανῷ, ὅπου οὔτε σὴς οὔτε βρῶσις ἀφανίζει καὶ ὅπου κλέπται οὐ διορύσσουσιν οὐδὲ κλέπτουσιν· 21 ὅπου γάρ ἐστιν ὁ θησαυρός σου, ἐκεῖ ἔσται καὶ ἡ καρδία σου (Μτ 6.19-21). Nota 1: -ὑμῖν (dativo plural) "para vosotros mismos" (lit. "para vosotros"); el dativo significa "para" o "a", y el pronombre personal aquí toma en lugar del pronombre reflexivo que, en forma completa, sería ὑμῖν αὐτοῖς (véase lección 11, nota 4). *Nota 2*: -ἀφανίζει es singular ("corrompe") aunque tiene dos sujetos ("polilla y orín"; los dos sujetos son considerados como uno solo). *Nota 3*: para -κλέπται compárelo con μαθητής (lección 3). *Nota 4*: -σου (v. 21) es, lit. "de ti". *Nota 5*: -ἔσται significa "será" (esto se estudiará más tarde).

MODO SUBJUNTIVO

En español el modo subjuntivo expresa suposición, duda o incertidumbre. Por lo general sigue a las conjunciones "si, a menos que, aunque", etc. En griego, el alcance del subjuntivo es mucho más amplio.

Salvo en el caso de un verbo irregular, los tiempos futuro, imperfecto y perfecto no existen en la voz activa del modo subjuntivo. Por tanto, los siguientes son los únicos dos tiempos subjuntivos del verbo λύω (y de otros verbos similares). Note la *iota suscrita* (es decir, escrita debajo) en la 2ª y 3ª personas singular, y las vocales largas η y ω en todas las personas.

Presente del subjuntivo

λύω	desate	λύωμεν	desatemos
λύῃς	desates	λύητε	desatéis
λύῃ	desate	λύωσι	desaten

Primer aoristo del subjuntivo

El significado es "puedo desatar" o "puedo haber desatado" etc.

λύσω	λύσωμεν
λύσῃς	λύσητε
λύσῃ	λύσωσι

Nota 1: Las terminaciones son las mismas en ambos tiempo, excepto por la -σ característica del primer aoristo.

Nota 2: En algunos verbos hay un segundo aoristo, que tiene el mismo significado que el primero. Eso se estudiará más adelante.

Los participios del primer aoristo en la voz activa tienen terminaciones que corresponden a estos. Véanse los párrafos sobre el participio aoristo en la lección 10.

MODO SUBJUNTIVO (*continuación*)

A continuación mostramos el presente del subjuntivo de εἰμί, "ser" o "estar". Para este verbo, el presente es el único tiempo del subjuntivo. El estudiante debe observar que las palabras son precisamente iguales a las terminaciones del presente subjuntivo de λύω (lección 12).

	Singular		Plural	
ὦ	sea	ὦμεν	seamos
ᾖς	seas	ἦτε	seáis
ᾖ	sea	ὦσι(ν)	sean

Estos son los principales usos del modo subjuntivo en el Nuevo Testamento:

I. Se usa en *cláusulas que expresan propósito*. Se las conoce como *cláusulas finales* (es decir, que tienen en mente un fin y objeto). Comienzan con conjunciones tales como ἵνα y ὅπως (que significan, respectivamente, "para que", o "que"), y negativamente por ἵνα μή o ὅπως μή ("para que no," o "a menos que"), o incluso por μή solo (que, cuando se usa de esa manera, tiene el mismo significado).

Ejemplos

Las siguientes frases ofrecen ejemplos de cláusulas de propósito expresado de manera positiva:

Jn 10.10b: ἐγὼ (yo) ἦλθον (vine) ἵνα (para que) ζωὴν (vida; acusativo del objeto del verbo que sigue) ἔχωσιν (tengan; es tercera persona plural, presente subjuntivo de ἔχω, tengo) καὶ (y) περισσὸν (abundancia) ἔχωσιν (tengan).

Mt 6.4: ὅπως (para que) ᾖ (sea) σου ἡ ἐλεημοσύνη (tu limosna; lit.: de ti la limosna) ἐν τῷ κρυπτῷ (en secreto; τῷ no debe traducirse).

Note que, en la siguiente frase, los verbos están en 1er aoristo del subjuntivo: Jn 1.7: οὗτος (este; es decir, él) ἦλθεν (vino) εἰς (para, o como) μαρτυρίαν (testigo), ἵνα (para que) μαρτυρήσῃ (diese testimonio; es la 3ª pers. sing. 1er. aor. subj. de μαρτυρέω, testifico, doy testimonio; el futuro es μαρτυρήσω, daré testimonio; la -ε- de la terminación del presente se alarga a -η-), περὶ (respecto a) τοῦ φωτός (la luz, genitivo de φῶς; la preposición περὶ toma el genitivo), ἵνα (para que) πάντες (todos) πιστεύσωσιν (creyesen; 3ª pers. plurl. primer aor. subj.) δι' (por medio de; forma corta de διά, seguida de genitivo) αὐτοῦ (él).

Traduzca el versículo 8; note que ἐκεῖνος es enfático; "él" ("ese"): οὐκ ἦν ἐκεῖνος τὸ φῶς, ἀλλ' ἵνα μαρτυρήσῃ περὶ τοῦ φωτός.

Surge la pregunta: ¿cuál es la diferencia de significado entre el presente subjuntivo y el 1er. aoristo, si ambos pueden traducirse de la misma manera? La respuesta es que el presente indica una acción continua o repetida, (como, p. ej., ἔχωσιν en Jn 10.10, arriba), mientras que el aoristo indica, ya sea una acción singular, sencilla, o una acción indefinida respecto a un punto en el tiempo. De este modo, en la última instancia μαρτυρήσῃ habla del testimonio de Juan sin referencia a su continuidad, y πιστεύσωσιν señala el acto único y singular de fe al creer.

Ejercicio

Traduzca, con la ayuda de las notas que se incluyen, 1 Co 1.10: Παρακαλῶ δὲ ὑμᾶς, ἀδελφοί, διὰ τοῦ ὀνόματος τοῦ κυρίου ἡμῶν Ἰησοῦ Χριστοῦ, ἵνα τὸ αὐτὸ λέγητε πάντες καὶ μὴ ᾖ ἐν ὑμῖν σχίσματα, ἦτε δὲ κατηρτισμένοι ἐν τῷ αὐτῷ νοῒ καὶ ἐν τῇ αὐτῇ γνώμῃ.

Παρακαλῶ, "exhorto"; διὰ, "por"; ὀνόματος (genitivo de ὄνομα, nombre; genitivo después de διὰ); τὸ αὐτὸ ("lo mismo"; véase lección 5); este es acusativo, como objeto de λέγητε (pres.

subj de λέγω, digo, subj. después de ἵνα); μὴ ἦ, "no haya"; note
el negativo μή (y no οὐ), con el subj.; ἐν "entre" (toma el dativo);
σχίσματα, "cismas" (note que, en griego, un subjeto neutro
plural puede tener un verbo en singular; así σχίσματα es el
sujeto de ἦ, singular, "cismas no haya"); ἦτε (subj. de εἰμί;
véase más arriba); κατηρτισμένοι, "unidos" (se explicará más
adelante); νοΐ, dativo de νοῦς, "mente, sentir" (véase Lección
7); γνώμη, "parecer".

*(Después de familiarizarse completamente con este versículo,
vuelva a traducirlo, corrigiendo el resultado.)*

II. El subjuntivo se usa en ciertas *cláusulas condicionales* (en
español, estas empiezan con "si"), que indican posibilidad o incertidumbre con la expectativa de una decisión. En esos casos se usa
ἐάν ("si") para indicar el subjuntivo. Donde la suposición da por
sentada como un hecho, se usa εἰ (que también significa "si")
seguida del *indicativo*. Véase también p. 210.

Ejemplos

Así, en Mt 4.3, Εἰ υἱὸς εἰ τοῦ θεοῦ, "si eres (el) Hijo de
Dios", no expresa incertidumbre o posibilidad, sino que significa-
ca: "dando por sentado que eres el Hijo de Dios" (εἰ, "eres", es
la 2ª pers. sing. pres. indic. de εἰμί; véase lección 3). Pero en Mt
17.20, ἐὰν ἔχητε πίστιν ὡς κόκκον σινάπεως, "si tuviereis
fe como un grano de mostaza" (siendo ἔχητε pres. *subjuntivo*
de ἔχω, tengo) no asume que ellos tienen fe, sino que sugiere
una incertidumbre de que la tengan, con perspectivas de que la
adquieran; por eso se usa el subjuntivo.

Nota: ἐάν es, en realidad, εἰ ἄν, y ελ α[n determina el uso
del subjuntivo.

Ejercicio

*Traduzca los textos que siguen con la ayuda de las notas y,
después de aprendérselos, vuelva a traducirlos al griego.*

(1) ἐὰν οὖν θεωρῆτε τὸν υἱὸν τοῦ ἀνθρώπου ἀναβαίνοντα ὅπου ἦν τὸ πρότερον; (Jn 6.62). El "pues, que" no está

expresado en griego, sino que se sobreentiende; la oración griega empieza con "si"; θεωρῆτε es pres. subj. de θεωρέω, miro, observo; ἀναβαίνοντα es ac. masc. sing. del participio pres. de ἀναβαίνω, asciendo; τὸ πρότερον, lit. "el anterior", es una frase adverbial que quiere decir "antes".

(2) ἐὰν τὰς ἐντολάς μου τηρήσητε, μενεῖτε ἐν τῇ ἀ-γάπῃ μου, καθὼς ἐγὼ τὰς ἐντολὰς τοῦ πατρός μου τετήρηκα καὶ μένω αὐτοῦ ἐν τῇ ἀγάπῃ (Jn 15.10). ἐντολάς es ac. plur. de ἐντολή, mandamiento, y es el objeto del verbo τηρήσητε, que es 1er. aor. subj. de τηρέω, guardo; μενεῖτε es fut. indic. 2ª pers. plur. de μένω, quedo, permanezco, y se explicará más tarde. Note la duplicación en τετήρηκα (¿qué tiempo es este? Véase λέλυκα; lección 6).

(3) περιτομὴ μὲν γὰρ ὠφελεῖ ἐὰν νόμον πράσσῃς· ἐὰν δὲ παραβάτης νόμου ᾖς, ἡ περιτομή σου ἀκροβυστία γέ-γονεν (Ro 2.25). περιτομὴ, circuncisión; μὲν, en verdad; ὠφε-λεῖ, aprovecha, 3ª pers. sing. pres. indic. de ὠφελέω, aprovecho; νόμον, la Ley, objeto de πράσσῃς, haces, pres. subj. de πράσσω; δὲ, pero; παραβάτης, transgresor; ᾖς, eres, pres. subj. de εἰμί (véase arriba); ἀκροβυστία, incircuncisión; γέγονεν, ha llegado a ser (que se explicará más adelante).

III. El subjuntivo se usa en *cláusulas que empiezan con un pronombre relativo o con un adverbio (p. ej.,* "quienquiera", "cuando quiera", " o "donde quiera"), *que no se refiere a una persona o cosa definida.* En otras palabras, cuando estas expresiones se pueden usar después del relativo.

Note que ἄν o ἐάν siguen al relativo. Este ἄν no puede traducirse; sencillametne tiene un efecto generalizador en estas cláusulas. El ἄν se une al ὅτε ("cuando"), formando así ὅταν, ("cuandoquiera"). Otras dos partículas que denotan el relativo y que se deben memorizar son ὅπου, "donde", y ἕως, "hasta".

Ejemplos

(1) Mt 18.6: Ὃς δ᾽ ἂν ("pero cualquiera"; el pronombre relativo ὅς con ἄν hace "quienquiera"; δ᾽ está en lugar de δέ, nunca aparece como primera palabra en una frase) σκανδαλίσῃ

(haga tropezar; 3ª pers. sing. 1er. aor. subj. de σκανδαλίζω; la –ζ en el tiempo presente se convierte en -σ en el futuro y 1er. aor) ἕνα ("uno", ac. masc. de εἷς; los numerales se estudiarán más tarde) τῶν μικρῶν τούτων (de estos pequeños) τῶν πισ-τευόντων (los que creen) εἰς ἐμέ (en mí).

(2) Jn 2.5: Ὅ τι ἄν (ὅστις es "el que sea" y el neutro ὅτι se escribe como dos palabras ὅ τι, o separadas por una coma entre ambas palabras: ὅ, τι) λέγῃ (diga, pres. subj.) ὑμῖν (a vosotros) ποιήσατε (haced; 2ª pers. plul. 1er. aor. imperativo de ποιέω).

(3) Mt 6.2: Ὅταν (cuandoquiera; pronombre relativo, por ὅτε ἄν) οὖν (por tanto) ποιῇς (hagas, pres. subj.) ἐλεημοσύνην (limosna), μὴ σαλπίσῃς (no tocar trompeta; 1er. aor. subj. de σαλπίζω; –μή con el 1er. aor. subj. está en lugar del imperativo) ἔμπροσθέν (delante; toma el genitivo) σου (de ti).

Traduzca: ὅταν ἐν τῷ κόσμῳ ὦ, φῶς εἰμι τοῦ κόσμου (Jn 9.5). ὅταν, "cuando"; ὦ, "soy, estoy" (pres. subj. de εἰμί; véase arriba).

IV. El subjuntivo se usa en *preguntas deliberativas,* es decir, cuando las personas estan deliberando sobre lo que debe hacerse. Esto se conoce como el subjuntivo deliberativo. Así, "¿Persevera-raremos en pecado?" es ἐπιμένωμεν τῇ ἁμαρτίᾳ; (Ro 6.1); ἐπιμένωμεν (note la ω larga) es 1ª pers. plur. pres. subj. de ἐπιμένω, compuesto de ἐπί y μένω, "permanezco, quedo"; el artículo τῇ no debe traducirse, puesto que se usa con nombres abstractos tales como ἁμαρτία, es decir, cuando denota pecado en general. Aquí el caso dativo debe traducirse "en pecado". El dativo tiene varios significados, que deben traducirse apropiada-mente al español de acuerdo con la palabra que gobierna el nombre. Esto se explicará más tarde.

V. El subjuntivo se usa en *ciertas formas de exhortación.* A este se le llama el *subjuntivo hortatorio.* Así, en 1 Ts 5.6: γρηγορῶμεν καὶ νήφωμεν es "velemos y seamos sobrios"; note la ω larga en distinción del pres. de indicativo; el primer verbo está en presente subjuntivo, primera persona plural de γρηγο-ρέω, "velo, vigilo", y el segundo verbo es el mismo tiempo y persona de νήφω, "estoy sobrio".

El estudiante debe familiarizarse por completo con toda esta lección antes de continuar. El uso del subjuntivo es muy importante. Lea los ejemplos una y otra vez hasta poder traducirlos con facilidad del español al griego. Para profundizar en el subjuntivo, vea las reglas adicionales de sintáxis.

NOTA ADICIONAL SOBRE ÓRDENES
NEGATIVAS O PROHIBICIONES

Para este tipo de órdenes se usa el modo imperativo o, en ciertos casos, el subjuntivo. El estudiante debe repasar el modo imperativo de λύω (lección 12) y aprender ahora el imperativo de εἰμί, que es como sigue:

ἴσθι	se tú	ἔστε	sed vosotros
ἔσθω ο ἤτω	sea él (ella, ello), que sea	ἔστωσαν	sean ellos (ellas)

Nota: La partícula negativa en prohibiciones siempre es μή.

I. El *presente del imperativo* con μή por lo general denota una orden para dejar de hacer algo o para no hacer lo que ya se está haciendo. Así, μὴ κλαίετε es "no lloreis" y en Mt 6.19: μὴ θησαυρίζετε es "no atesoreis" ὑμῖν (para vosotros) θησαυροὺς ἐπὶ τῆς γῆς (en la tierra).

II. Cuando se da una orden para que rotundamente no se haga algo (o para que no se empiece a hacer algo), se usa μή con el *aoristo subjuntivo.* Como ejemplo estudie de nuevo la frase de Mateo 6.2, en la lección 13, *III,* (3), prestando atención a la parte final del versículo; Ὅταν οὖν ποιῇς ἐλεημοσύνην, μὴ σαλπίσῃς (no toques trompeta; –σαλπίσῃς es la 2ª pers. sing. 1er. aor. subjuntivo). Aquí se ordena no empezar tal práctica.

Ejercicio

(1) El estudiante ahora debe ser capaz de traducir todo el texto de Mt 6.19-23. Ya se realizó la traducción de una parte de esto. Haga una traducción con la ayuda del siguiente vocabulario. Si se

le olvida algún nombre, ayúdese con una traducción en español (preferiblemente la RV), pero procure no hacerlo. Luego, retraduzca el pasaje del español al griego.

ἀφανίζω	consumo	σῶμα	cuerpo
διορύσσω	cavo, excavo	ὀφθαλμός	ojo
κλέπτω	robo	ἁπλοῦς	sano, saludable
ἐκεῖ	allí	ὅ λος, -η, -ον	todo, la totalidad
ἔσται	3ª pers. sing. fut. de εἰμί	φωτεινός, -ή, -όν	lleno de luz
καί	también (v. 21)	πονηρός	mal
καρδία	corazón	σκοτεινός	lleno de tinieblas
λύχνος	lámpara	πόσος	cuán grande

6.19 μὴ θησαυρίζετε ὑμῖν θησαυροὺς ἐπὶ τῆς γῆς, ὅπου σὴν καὶ βρῶσις ἀφανίζει καὶ ὅπου κλέπται διορύσσουσιν καὶ κλέπτουσιν· 20 θησαυρίζετε δὲ ὑμῖν θησαυροὺς ἐν οὐρανῷ, ὅπου οὔτε σὴς οὔτε βρῶσις ἀφανίζει καὶ ὅπου κλέπται οὐ διορύσσουσιν οὐδὲ κλέπτουσιν 21 ὅπου γάρ ἐστιν ὁ θησαυρός σου, ἐκεῖ ἔσται καὶ ἡ καρδία σου. 22 Ὁ λύχνος τοῦ σώματός ἐστιν ὁ ὀφταλμός. ἐάν οὖν ᾖ ὁ ὀφθαλμός σου ἁπλοῦς, ὅλον τὸ σῶμά σου φωτεινὸν ἔσται· 23 ἐὰν δὲ ὁ ὀφθαλμός σου πονηρὸς ᾖ, ὅλον τὸ σῶμά σου σκοτεινόν ἔσται. εἰ οὖν τό φῶς τὸ ἐν σοὶ σκότος ἐστίν, τὸ σκότος πόσο»; (Mt 6.19-23).

(2) ἡ πίστις (fe) σου (tuya; es decir: tu fe) σέσωκέν (perf. de σώζω, yo salvo) σε· ὕπαγε (ve) εἰς εἰρήνην (paz) καὶ ἴσθι (véase, arriba, el imperativo de εἰμί) ὑγιὴς (completa, sano) ἀπὸ (de, con el genitivo) τῆς μάστιγός σου (gen. de μάστιξ, aflicción, plaga); Mc 5.34.

(3) ἔστω (sea) δὲ ὁ λόγος (lo que se dice) ὑμῶν ναὶ (sí) ναί, οὒ οὔ; Mt 5.37a. Para ἔστω véase, arriba, el imperativo de εἰμί.

(4) Stg 5.12b (segunda mitad del versículo): –μὴ ὀμνύετε (ὀμνύω: juro) ... ἤτω (sea; véase el imperativo de εἰμί) δὲ ὑμῶν τὸ Ναὶ (lit. el no de vosotros) ναὶ καὶ τὸ Οὒ οὔ.

MODO OPTATIVO

Este modo se usa con varios propósitos: *(a)* para expresar deseos, *(b)* para lo que se conoce como preguntas dependientes, o *(c)* en preguntas deliberativas. Luego se ofrecerán más detalles. El modo optativo no se usa con frecuencia en el Nuevo Testamento.

Memorice los siguientes paradigmas:

Modo optativo de εἰμί
"Podría ser", etc.

Singular	Plural
εἴην	εἴημεν o εἶμεν
εἴης	εἴητε o εἶτε
εἴη	εἴησαν o εἶεν

Modo optativo de λύω

Presente
(El significado preciso se determina por el contexto.)

"Podría desatar", etc.

Singular	Plural
λύοιμι	λύοιμεν
λύοις	λύοιτε
λύοι	λύοιεν

Futuro

"Debería desatar", etc.

Singular	Plural
λύσοιμι	λύσοιμεν
λύσοις	λύσοιτε
λύσοι	λύσοιεν

Primer aoristo

"Podría desatar", etc (según el contexto)

Singular	Plural
λύσαιμι	λύσαιμεν
λύσαις	λύσαιτε
λύσαι ο	λύσαιεν ο
λύσειε	λύσειαν

EJEMPLOS DEL USO DEL MODO OPTATIVO

(a) Los siguientes ejemplos muestran el uso del optativo para expresar de un deseo:

(1) Τὸ ἀργύριόν σου σὺν σοὶ εἴη εἰς ἀπώλειαν (Hch 8.20). Esto es, literalmente, "tu dinero contigo sea para destrucción" (εἴη, 3ª pers. sing. optativo de εἰμί; aquí significa "sea"; es decir, "pueda ser").

(2) 1 Ts 3.12: ὑμᾶς (os, a vosotros; objeto acusativo de los dos verbos precedentes) δὲ ὁ κύριος (el Señor) πλεονάσαι (haga crecer; 3ª pers. sing. 1er. aor. optativo de πλεονάζω, o sea: que él haga crecer) καὶ περισσεύσαι (haga abundar; el mismo tiempo, pero de περισσεύω) τῇ ἀγάπῃ (en amor; dativo del punto en el cual se aplica el verbo, por lo que debese traducirse con la preposición "en", aun cuando no haya tal preposición en griego; el artículo se usa porque el nombre es abstracto) εἰς ἀλλήλους (unos a otros).

(b) Los siguientes son ejemplos del uso del optativo para expresar preguntas dependientes (es decir, preguntas que no se hacen directamente, sino que dependen de alguna afirmación precedente):

(1) Hch 10.17: Ὡς (mientras, puesto que) δὲ ἐν ἑαυτῷ (en sí mismo) διηπόρει (dudaba; 3ª pers. sing. imperf. indic. de διαπορέω; viene de διηπόρεε, pero la -εε es contraída a -ει; el cambio de α a η se debe al hecho de que, cuando una preposición [aquí διά] se une a un verbo [aquí ἀπορέω,] el aumento, que debe venir antes del verbo, se une a la vocal de la preposición;

de este modo α y η se combinan para formar η, dando como resultado διηπόρει y no διαηπόρει) ὁ Πέτρος (Pedro; el artículo se usa con los nombres propios) τί (que) ἂν εἴη (pudiera ser; el ἂν no se traduce) τὸ ὅραμα (la visión). Note que εἴη está en optativo, pues la pregunta no se hace en forma directa ("¿Cuál es la visión?") sino indirectamente, dependiendo de la declaración "Pedro dudaba dentro de sí".

(2) Hch 17.11: ἀνακρίνοντες (buscando, escudriñando; participio pres., nom. plur. de ἀνακρίνω, busco, escudriño) τὰς γραφὰς (las Escrituras) εἰ ἔχοι ταῦτα οὕτως (literalmente, si estas [cosas] tuvieran así; ταῦτα es el neutro plur. "estas [cosas]" y es el sujeto de ἔχοι [*los neutros en plural llevan el verbo en singular*]; ἔχοι es el optativo de ἔχω [tengo], y se usa este modo porque, en lugar de la pregunta directa "¿Son estas cosas así?", se dice lo mismo de forma indirecta: "investigando si estas cosas eran así". El uso de ἔχω es idiomático. Esto quiere decir, que mientras en griego se dice "si estas cosas tenían así", nosotros debemos decir "si estas cosas eran así".)

(c) El siguiente es un ejemplo del uso del optativo para hacer una pregunta deliberativa; esto es, una pregunta directa hecha de manera retórica, no solo para obtener información:

Hch 17.18: καί τινες ἔλεγον (y algunos decían) Τί ἂν θέλοι (¿qué querrá?; optativo de θέλω, quiero, deseo) ὁ σπερμολόγος οὗτος (este palabrero) λέγειν (decir; modo infinitivo; véase abajo).

Ejercicio

Traduzca los siguientes versículos con la ayuda de la notas incluidas.

(1) Ὁ δὲ κύριος κατευθύναι ὑμῶν τὰς καρδίας εἰς τὴν ἀγάπην τοῦ θεοῦ καὶ εἰς τὴν ὑπομονὴν τοῦ Χριστοῦ (2 Ts 3.5). κατευθύναι es el 1er. aor. optativo de κατευθύνω, dirijo (la omisión de la -σ, que caracteriza el futuro y el 1er aoristo, se explicará más adelante); καρδία, corazón; ὑπομονή, paciencia (nótese que se trata de "la paciencia de Cristo").

(2)Ἐπηρώτων δὲ αὐτὸν αἱ μαθηταὶ αὐτοῦ τίς αὕτη εἴη ἡ παραβολή (Lc 8.9).Ἐπηρώτων, "preguntaban" (veremos esta forma más adelante); μαθητής, discípulo; τίς, que (fem., concordando con παραβολή, parábola), este es el sujeto de εἴν (optativo, podría, pudiera ser).

(3)ζητεῖν τὸν θεὸν, εἰ ἄρα γε ψηλαφήσειαν αὐτὸν (Hch 17.27a). ζητεῖν, buscar (infinitivo, traducido "para que busquen"): ἄρα γε, que se traduce "si de alguna manera"; ψηλαφήσειαν es 3ª pers. plur. 1er. aor. optativo de ψηλαφάω, palpar.

LECCIÓN 15

MODO INFINITIVO

El infinitivo, (que en español se indica mediante las terminaciones "ar", "er", "ir"), es un nombre verbal. Esto quiere decir que participa tanto de la naturaleza de un verbo como de la de un nombre.

No tiene formas diferentes para los casos y las personas, por lo que es indeclinable.

Siempre es neutro y, como nombre, puede usarse con diferentes casos del artículo neutro.

Como nombre, puede ser sujeto u objeto de otro verbo, o estar regido por una preposición.

Como verbo, puede tener sujeto y objeto. Todos estos puntos se ilustran abajo.

Memorice lo siguiente:

Modo infinitivo de εἰμί

Infinitivo presente	εἶναι	ser, estar
Infinitivo futuro	ἔσεσθαι	estar a punto de ser

Modo infinitivo, voz activa, de λύω

Infinitivo presente	λύειν	desatar
Infinitivo futuro	λύσειν	estar a punto de ser desatado
Infinitivo 1er. aoristo	λῦσαι	desatar del inmediato
Infinitivo perfecto	λελυκέναι	haber desatado

ALGUNOS EJEMPLOS DEL USO DEL MODO INFINITIVO

(1) Cuando el infinitivo, como nombre, es el sujeto de otro verbo:

καλὸν ἀνθρώπῳ τὸ οὕτως εἶναι, "bueno (le es) a un hombre quedarse así" (1 Co 7.26). En esta frase, el verbo ἐστί, "es", se sobreentiende; o sea, καλόν ἐστι: "bueno le es". El sujeto de esto es τὸ οὕτως εἶναι, lit. el así ser; esto es: "ser de esta manera es bueno", ἀνθρώπῳ, para un hombre.

Puede omitirse el artículo; p. ej., 1 Co 14.35: αἰσχρὸν γάρ ἐστιν (porque es vergonzoso) γυναικὶ (a una mujer) λαλεῖν (hablar) ἐν ἐκκλησίᾳ (en iglesia).

Regla: En tales casos, cuando el infinitivo tiene un sujeto, este, de expresarse, va en caso acusativo.

Así, en Mt 17.4, καλόν ἐστιν (es bueno) ἡμᾶς (a nosotros) ὧδε (aquí) εἶναι (estar); o sea: "es bueno que estemos aquí", ἡμᾶς es el sujeto del infinitivo (nótese que está en acusativo).

Pero cuando el sujeto del infinitivo es la misma persona o cosa que el sujeto del verbo precedente, por lo general se omite el sujeto del infinitivo, y cualquier palabra o palabras que califican al sujeto omitido van en nominativo. Así sucede en Ro 1.22: φάσκοντες εἶναι σοφοί, "profesando (ellos mismos) ser sabios". Si esto se expresara en forma amplia sería φάσκοντες (profesando) ἑαυτοὺς εἶναι σοφοί, (ellos mismos ser sabios); pero las mismas personas son el sujeto de "profesando" y de "ser"; consecuentemente ἑαυτοὺς se omite y σοφοί se pone en nominativo.

Note la omisión del sujeto en esta frase, tomada de Stg 2.14: ἐὰν πίστιν λέγῃ τις ἔχειν, lit., "si alguno dice tener fe". Esto es: si alguno dice que tiene fe. Aquí τις, "alguno", es el sujeto de λέγῃ (pres. subj., después de ἐάν, si), y la misma persona es el sujeto no expresado de ἔχειν "(él mismo) tiene". Si se expresaran sujetos para ambos verbos, la frase tendría que ser ἐὰν πίστιν λέγῃ τις ἑαυτὸν ἔχειν ("él mismo tener"). (No puede ser αὐτὸν ἔχειν ["él tener"], pues se estaría hablando de otra persona). Debido a que la persona es el mismo sujeto para ambos verbos (λέγῃ y ἔχειν), se omite el sujeto acusativo de ἔχειν (πίστιν es el objeto acusativo de ἔχειν).

(2) El siguiente es un ejemplo del infinitivo como objeto del verbo:

2 Co 8.11: νυνὶ δὲ (ahora, pues) καὶ (también) τὸ ποιῆσαι (el hacer) ἐπιτελέσατε (completad). ¿Cuál tiempo del infinitivo de ποιέω (hago) es ποιῆσαι? Note su carácter nominal con artículo; τὸ ποιῆσαι es el objeto del verbo ἐπιτελέσατε (2ª pers. plur. 1er. aor. imperativo de ἐπιτελέω, yo completo o lleno). ¿Cuál es la fuerza del aoristo imperativo a diferencia del presente? (véase la lección 12; 2° párrafo).

(3) En los siguientes casos el infinitivo es regido por una preposición:

Mt 13.5a, 6b: διὰ τὸ μὴ ἔχειν βάθος γῆς ... διὰ τὸ μὴ ἔχειν ῥίζαν, "debido al no tener (lit. tener) profundidad ... porque no tiene raíz". En cada cláusula, ἔχειν (pres. infinitivo de ἔχω) es un nombre verbal, usado con el artículo τὸ. En español, el infinitivo es "tener", por lo que el nombre verbal τὸ ἔχειν sería "el tener". Cuando la preposición διά significa "porque" o "debido a", el nombre regido por ella va en acusativo (como en el ejemplo que estudiamos; τὸ ἔχειν es un acusativo). Pero ἔχειν no es solo un nombre; también es verbo y, como tal, tiene su objeto, βάθος, que está en acusativo (para el nombre neutro βάθος véase γένος, lección 9). La partícula negativa que se usa con el infinitivo es μή (no οὐ).

Igual sucede con la segunda cláusula: διά gobierna a τὸ ἔχειν como nombre (está en caso acusativo), el cual, a su vez, como verbo, gobierna su objeto (ῥίζαν, "raíz", que también está en acusativo).

Mt 20.19: εἰς τὸ ἐμπαῖξαι καὶ μαστιγῶσαι καὶ σταυρῶσαι, "para escarnecer, azotar y crucificar". Los tres verbos son, respectivamente, el primer aoristo infinitivo (véase λῦσαι arriba) de ἐμπαίζω (fut., ἐμπαίξω), escarnezco, μαστιγόω (fut., μαστιγώσω), azoto, y σταυρόω (fut. σταυρώσω), crucifico. El artículo τὸ rige a los tres, y el artículo y los tres infinitivos están todos gobernados en acusativo por la preposición εἰς. Lit., esta frase se traduciría: "para el escanecer y el azotar y el crucificar". La preposición εἰς realmente significa "con vista a" o "con el objeto de (escarnecer, etc.)".

(Más adelante se explicarán otros usos del infinitivo. Lo que se indica arriba basta para ilustrar la fuerza de este modo.)

El estudiante debe repasar minuciosamente estos ejemplos del infinitivo. Después de estudiar las notas, haga una lista con las traducciones al español, y luego retradúzcalas al griego. Esto le ayudará a sobreponerse a las dificultades que pueda presentarle el dominio del uso del infinitivo.

Ejercicio

Como primer paso, apréndase las palabras (con sus significados) de los siguientes textos. Luego, traduzca los pasajes con la ayuda de las notas que se incluyen.

(1) νυνὶ δὲ καὶ τὸ ποιῆσαι ἐπιτελέσατε, ὅπως καθάπερ ἡ προθυμία τοῦ θέλειν, οὕτως καὶ τὸ ἐπιτελέσαι ἐκ τοῦ ἔχειν (2 Co 8.11). νυνί; ahora; ὅπως, para que; καθάπερ, así como; προθυμία, disposición, buena voluntad; θέλω, quiero.

Notas: τοῦ θέλειν es, lit., "del querer", es decir, "de ser deseado": esto sigue a proqumiva, y la traducción es "prontos a querer"; el genitivo del infinitivo indica intención o propósito.

(2) πλὴν τοὺς ἐχθρούς μου τούτους τοὺς μὴ θελήσαντάς με βασιλεῦσαι ἐπ᾽ αὐτοὺς ἀγάγετε ὧδε καὶ κατασφάξατε αὐτοὺς ἔμπροσθέν μου (Lc 19.27). πλὴν, y también; ἐχθρός, enemigo; θελήσαντάς, ac. masc. plur., 1er. aor. participio de θέλω, quiero, estoy deseando (lit. "habiendo tenido el desear"); ac. en concordancia con ἐχθρούς; βασιλεῦσαι, 1er. aor. infin. de βασιλεύω, reino; lit. "yo reinar"; ἐπ᾽ por ἐπί, sobre; ἀγάγετε, 2ª pers. plur. imper. de un 2º aor. (véase más

adelante) con una forma de doble sílaba de ἄγω, traigo; ὧδε, acá;
κατασφάξατε, 1er. aor. imperativo de κατασφάζω, decapito;
ἔμπροσθέν, ante (toma el caso genitivo).

(3) οἷς ἠθέλησεν ὁ θεὸς γνωρίσαι τί τὸ πλοῦτος τῆς
δόξης τοῦ μυστηρίου τούτου ἐν τοῖς ἔθνεσιν, ὅ ἐστιν
Χριστὸς ἐν ὑμῖν, ἡ ἐλπὶς τῆς δόξης· 28 ὃν ἡμεῖς καταγ-
γέλλομεν νουθετοῦντες πάντα ἄνθρωπον καὶ διδάσκοντες
πάντα ἄνθρωπον ἐν πάσῃ σοφίᾳ, ἵνα παραστήσωμεν πάντα ἄνθρωπον τέλειον ἐν Χριστῷ (Col 1.27,28). ἠθέλησεν, 3ª
pers. sing, 1er. aor. ind. de θέλω, deseo, quiero, estoy deseoso
(este verbo toma η como aumento, en lugar de ε); γνωρίσαι,
1er. aor. infinitivo de γνωρίζω hago conocer; πλοῦτος, riquezas
(nombre neutro, como γένος); ἔθνεσιν (dat. plur. de ἔθνος,
nación; aquí: "gentiles", otro nombre neutro como γένος; caso
dativo después de ἐν); ἐλπὶς, esperanza (genit. ἐλπίδος); κα-
ταγγέλλομεν, proclamamos, de καταγγέλλω (pronuncie *ka-
tanguelo)*; νουθετοῦντες, nom. plur. masc. pres. participio de
νουθετέω, amonesto; la terminación -ουντες es la forma contracta de -εοντες (véase más adelante); διδάσκω, enseño; παραστήσωμεν, podamos presentar, subjuntivo (sobre la forma,
véase más adelante); τέλειος, perfecto.

(4) ὁ δὲ θεὸς τῆς ἐλπίδος πληρώσαι ὑμᾶς πάσης χαρᾶς
καὶ εἰρήνης ἐν τῷ πιστεύειν, εἰς τὸ περισσεύειν ὑμᾶς ἐν
τῇ ἐλπίδι ἐν δυνάμει πνεύματος ἁγίου (Ro 15.13). ἐλπίδος
[véase bajo (3)]; πληρώσαι, 3ª pers. sing. 1er. aor. optativo de
πληρόω, lleno (optativo de deseo); χαρᾶς, genit. de χαρά,
alegría, gozo (el genitivo se usa después de palabras que significan "llenar", "completar", y se traduce por "de" o "con");
πιστεύειν, en creer, infinitivo usado como nombre verbal,
dativo después de ἐν, (el artículo τῷ no debe traducirse); περισσεύειν, abundar, ac. del nombre infinitivo verbal gobernado por
εἰς; ὑμᾶς es el sujeto acusativo del infinitivo, (lit. "a vosotros
abundar"; es decir; "que abundéis"); δύναμις, poder; ἅγιος,
santo.

Vuelva a traducir estos cuatro pasajes del español al griego, corrigiendo luego los resultados según el original.

SEGUNDO AORISTO DE LA VOZ ACTIVA

Algunos verbos tienen un segundo aoristo. Su significado es el mismo que el del primero; solo difieren en forma. Pocos verbos tienen los dos aoristos; λύω tiene sólo el primero. Por tanto, tomaremos como ejemplo el verbo τύπτω, golpeo.

Nota 1: Las terminaciones del segundo aoristo indicativo son iguales a las del imperfecto. Como se trata de un tiempo pasado, se usa el aumento. Sin embargo, está la diferencia en forma, donde las terminaciones se añaden a la raíz simple (véase abajo).

Nota 2: En los otros modos, las terminaciones son las mismas que las de los presentes respectivos. Aquí, de nuevo, las terminaciones se añaden a la raíz simple.

Si se han aprendido los tiempos presente e imperfecto minuciosamente no hay necesidad de escribir todas las formas del segundo aoristo en todas las personas, salvo por cuestión de práctica. Recuerde que no hay aumento, excepto en el modo indicativo.

Segundo aoristo de τύπτω, *golpeo.*

Indicativo; ἔτυπον, golpeé
      (etc.; véanse las terminaciones del imperfecto)
Imperativo, τύπε, golpea tú
      (etc., véanse las terminaciones del presente)
Subjuntivo, τύπω (que yo) golpee
      (etc., véanse las terminaciones del presente)
Optativo, τύποιμι, yo (podría) golpear
      (etc. véanse las terminaciones del presente)
Infinitivo, τυπεῖν, golpear
Participio, τυπών, -οῦσα, -όν habiendo golpeado

Se observará que la raíz del tiempo presente de τύπτω es τυπτ-, pero la raíz del segundo aoristo es τυπ.

SEGUNDO PERFECTO

Este tiempo es raro. Ocurre solo en la voz activa y es solo una forma modificada del perfecto. Así, mientras que el perfecto de τύπτω es τέτυφα, el 2° perfecto es τέτυπα. Note la reduplicación τε-, característica de todos los perfectos.

LECCIÓN 16

Nota para repaso: Basándose en las lecciones precedentes, el estudiante debe preparar un paradigma completo de la voz activa. Recomendamos que ponga todos los nombres de los modos como encabezados de columnas paralelas, en el siguiente orden: indicativo, imperativo, subjuntivo, optativo, infinitivo, participio; y los nombres de los tiempos hacia abajo a la izquierda: presente, imperfecto, futuro, primer aoristo, perfecto, pluscuamperfecto, 2° aoristo. Debe recordar que los tiempos imperfecto y pluscuamperfecto se hallan solo en el modo indicativo, y que en el imperativo y en el subjuntivo no hay futuro.

LA VOZ PASIVA DEL VERBO

Mientras que un verbo está en la voz activa cuando el sujeto de quien se habla es el que realiza la acción, la voz pasiva significa que el sujeto recibe la acción. En español la voz pasiva se forma con los verbos "ser" o "estar" más el participio pasivo. Así, el pasivo de "suelto" es "soy soltado" (siempre ha de distinguirse este tiempo del tiempo continuo de la voz activa, formado por el verbo "estar" con el gerundio, p. ej. "estoy soltando"). En griego, el pasivo se forma (con la excepción en ciertos tiempos perfectos) añadiendo a la raíz un conjunto de terminaciones diferente del que se usa en la voz activa.

Los siguientes son los tiempos del modo indicativo de la voz pasiva de λύω. El estudiante debe memorizarlos, pero solo después de haberse familiarizado con las formas de la voz activa.

Voz pasiva de λύω

MODO INDICATIVO

Tiempo presente: "estoy siendo soltado"

Singular

1ª p.	λύομαι	(estoy...)
2ª p.	λύῃ o λύει	(estás...)
3ª p.	λύεται	(está...)

Plural

1ª p.	λυόμεθα	(estámos...)
2ª p.	λύεσθε	(estaís...)
3ª p.	λύονται	(están...)

Note la iota suscrita en la 2ª pers. sing. Esta forma, λύῃ, es igual a la de 3ª pers. sing. pres. subj. activo. No hay dificultad en distinguirlas debido al significado. El contexto lo clarifica. El activo es "él puede soltar"; el pasivo "estás siendo soltado".

Note que λυ- es la raíz. Las terminaciones deben aprenderse separadas de la raíz.

Tiempo imperfecto: "Estoy siendo soltado", etc.

	Singular	Plural
1ª p.	ἐλυόμην	ἐλυόμεθα
2ª p.	ἐλύου	ἐλύεσθε
3ª p.	ἐλύετο	ἐλύοτο

Tiempo futuro: "Seré suelto o soltado"

	Singular	Plural
1ª p.	λυθήσομαι	λυθησόμεθα
2ª p.	λυθήσῃ	λυθήσεσθε
3ª p.	λυθήσεται	λυθήσονται

Primer aoristo: "Fui soltado"

	Singular	Plural
1ª p.	ἐλύθη	ἐλύθημεν
2ª p.	ἐλύθης	ἐλύθητε
3ª p.	ἐλύθη	ἐλύθησαν

(Note que las terminaciones del primer aoristo pasivo se parecen a las del imperfecto de εἰμί, excepto en la 2ª y 3ª pers. sing; véase la lección 3. Observe la -θ- característica de la voz pasiva, y el aumento.)

Tiempo perfecto: "He sido soltado"

	Singular	Plural
1ª p.	λέλυμαι	λελύμεθα
2ª p.	λέλυσαι	λέλυσθε
3ª p.	λέλυται	λέλυνται

Tiempo pluscuamperecto:
"Había sido soltado"

	Singular	Plural
1ª p.	ἐλελύμην	ἐλελύμεθα
2ª p.	ἐλέλυσο	ἐλέλυσθε
3ª p.	ἐλέλυτο	ἐλέλυντο

Ejercicio sobre el modo indicativo de la voz pasiva

Después de aprenderse el vocabulario, traduzca las siguientes frases y pasajes. Corrija su resultado cotejándolo con el texto de la versión RV, y luego vuelva a traducirlos al griego.

Vocabulario

μαρτύριον .... testimonio

ἄνομος .... impío

τότε .... entonces

σάρξ (gen. σαρκός) .... carne

ἐντολή .... mandamiento

μακάριος, -α, -ον . bienaventurado

πτωχός, -ή, -όν .... pobre

οὐρανός .... cielo

πραΰς .... manso

δικαιοσύνη .... justicia

ἐλεήμων (neut. -ον) .. misericordioso

(1) ὅτι (porque) ἐπιστεύθη (1er. aor. indic. pas. de πιστεύω, creo) τὸ μαρτύριον ἡμῶν ἐφ᾽ ὑμᾶς (2 Ts 1.10). El sujeto del verbo es τὸ μαρτύριον ἡμῶν. Note que ἐφ᾽ es la forma contracta de ἐπί, a; la -ι se pierde antes de la υ- de ὑμᾶς y, entonces, la π se convierte en φ debido al espíritu fuerte (el ʻ). Decir ἐπ᾽ ὑμᾶς sonaría mal; de aquí que la π se convierte en aspirada y se transforma en φ.

(2) καὶ τότε ἀποκαλυφθήσεται (futuro pasivo de ἀποκαλύπτω, revelo) ὁ ἄνομος (2 Ts 2.8).

(3) οἳ οὐκ ἐξ αἱμάτων οὐδὲ ἐκ θελήματος σαρκὸς οὐδὲ ἐκ θελήματος ἀνδρὸς ἀλλ᾽ ἐκ θεοῦ ἐγεννήθησαν (Jn 1.13). ἐξ, está por ἐκ ("de"; la κ se convierte en ξ antes del αἱ de αἱμάτων). Note el gen. plurl., lit., "sangres"; αἷμα y θέλημα se declinan como πνεῦμα (lección 9). Para ἀνδρὸς, véase la lección 8. ἐγεννήθησαν es la 3ª pers. plur. 1er. aor. pas. de γεννάω, engendro (pasivo: "soy nacido"). Más adelante se explicará el cambio de α a η en γεννάω.

(4) ὁ ἔχων τὰς ἐντολάς μου καὶ τηρῶν αὐτὰς ἐκεῖνός ἐστιν ὁ ἀγαπῶν με· ὁ δὲ ἀγαπῶν με ἀγαπηθήσεται ὑπὸ

τοῦ πατρός μου, κἀγὼ ἀγαπήσω αὐτὸν καὶ ἐμφανίσω αὐτῷ ἐμαυτόν (Jn 14.21). Note los participios presentes de ἔχω (tengo), τηρέω (guardo) y ἀγαπάω (amo). Note también la diferencia entre el futuro pasivo ἀγαπηθήσεται (3ª pers.) y el futuro activo ἀγαπήσω (1ª pers.); ὑπό es "por", y toma el genitivo; κἀγὼ es una forma corta de καὶ ἐγώ; ἐμφανίσω es el futuro de ἐμφανίζω, manifiesto. Sería bueno memorizar este versículo.

(5) Μακάριοι οἱ πτωχοὶ τῷ πνεύματι, ὅτι αὐτῶν ἐστιν ἡ βασιλεία τῶν οὐρανῶν. 4 μακάριοι οἱ πενθοῦντες, ὅτι αὐτοὶ παρακληθήσονται. 5 μακάριοι οἱ πραεῖς, ὅτι αὐτοὶ κληρονομήσουσιν τὴν γῆν. 6 μακάριοι οἱ πεινῶντες καὶ διψῶντες τὴν δικαιοσύνην, ὅτι αὐτοὶ χορτασθήσονται. 7 μακάριοι οἱ ἐλεήμονες, ὅτι αὐτοι ἐλεηθήσονται (Mt 5.3-7). Estudie cuidadosamente las siguientes notas. El verbo "ser" o "estar" muchas veces se omite; εἰσίν ("son") debe sobreentenderse después de μακάριοι; τῷ πνεύματι es dativo del punto en el cual se aplica un adjetivo (aquí, πτωχοί, pobres), por lo que debemos decir "pobre en espíritu" (no se debe traducir el artículo); αὐτῶν, de ellos (es decir, suyo); πενθοῦντες es el presente participio nom. plur. masc. de πενθέω, lamento (en lugar de πενθέοντες, la εο se contrae en ου); παρακληθήσονται es la 3ª pers. plur. fut. indic. pasivo de παρακαλέω, consuelo; κληρονομήσουσιν es el fut. activo de κληρονομέω, heredo; πεινῶντες es el nom. plur. macs. pres. participio de πεινάω, tengo hambre (en vez de πεινάοντες, la αο se contrae en ω); de igual forma, διψῶντες procede de διψάω, tengo sed; χορτασθήσονται es la 3ª pers. plur. fut. pasivo de χορτάζω, estoy lleno, satisfecho (los verbos en -ζω toman σ en el futuro y en el 1er. aor); ἐλεηθήσονται es fut. pasivo de ἐλεέω, muestro misericordia.

MODO IMPERATIVO, VOZ PASIVA

Tiempo presente

	Singular		Plural	
2ª p.	λύου	se tú suelto	λύεσθε	sed sueltos
3ª p.	λυέσθω	sea (él, ella, ello) suelto	λυέσθωσαν o λυέσθων	Sean ellos o ellas sueltos

Tiempo aoristo: "Sé tú soltado o suelto (de inmediato)"

	Singular	Plural
2ª p.	λύθητι	λύθητε
3ª p.	λυθήτω	λυθήτωσαν

Tiempo perfecto
(expresando continuación de una acción pasada)

	Singular	Plural
2ª p.	λέλυσο	λέλυσθε
3ª p.	λελύσθω	λελύσθωσαν o λελύσθων

El estudiante debe ahora obtener una copia de un léxico griego-español del Nuevo Testamento. En la actualidad hay varios léxicos y pequeños diccionarios que pueden ayudar en la tarea de traducción.

■ LECCIÓN 17 ■

Ejercicio sobre el modo imperativo

Después de aprenderse el siguiente vocabulario, traduzca los pasajes con la ayuda de las notas adjuntas. Retradúzcalos luego al griego y, como último paso, corrija su resultado.

Vocabulario

κόκκος................... grano	θάλασσα.................. mar
σίναπι........ (gen. -εως) mostaza	καρδία .... corazón
(se declina como πόλις,	περισσῶς .... tanto más,
lección 9)	todavía más, todavía
	más abundantemente

(1) εἶπεν δὲ ὁ κύριος, Εἰ ἔχετε πίστιν ὡς κόκκον σινά-πεως, ἐλέγετε ἂν τῇ συκαμίνῳ [ταύτῃ], Ἐκριζώθητι καὶ φυτεύθητι ἐν τῇ θαλάσσῃ· καὶ ὑπήκουσεν ἂν ὑμῖν (Lc 17.6). ἔχετε es 2ª pers. plur. pres. indic. de ἔχω; ἐλέγετε ἂν, vosotros decís (esta construcción del imperfecto con ἄν se explicará más adelante); Ἐκριζώθητι, 2ª pers. sing, 1er. aor. imper. pas. de ἐκριζόω, arranco, desarraigo; φυτεύθητι, misma forma de φυτεύω, planto; ὑπήκουσεν ἄν, obedecería, 1er aor. act. de ὑπακούω (note que el aumento se forma cambiando de la α de ἀκούω a η, ὑπ en lugar de ὑπό, preposición soldada al verbo ἀκούω. La preposición no aumenta, pero sí el verbo principal.) Note los dativos en este versículo: uno después de λέγω y otro después de ἐν.

(2) Μὴ ταρασσέσθω ὑμῶν ἡ καρδία· πιστεύετε εἰς τὸν θεόν καὶ εἰς ἐμὲ πιστεύετε (Jn 14.1). ταρασσέσθω es 3ª pers. sing. pres. impera. pas. de ταράσσω, me turbo; πιστεύετε puede ser 2ª pers. plur. del pres. ind. act. o del pres. imper. act. de πιστεύω, "creeis" o "creed".

(3) λέγουσιν πάντες, Σταυρωθήτω. Este verbo es el 1er. aor. imperativo de σταυρόω, crucifico (es decir: "que él sea crucificado"; véase λυθήτω arriba). Esta frase es de Mt 27.22 (al final del v.). Traduzca el v. 23: ὁ δὲ ἔφη, Τί γὰρ κακόν ἐποίησεν; οἱ δὲ περισσῶς ἔκραζον λέγοντες, Σταυρωθήτω. ὁ δὲ, es pero él; ἔφη, dijo. ¿Qué tiempo de ποιέω es ἐποίησεν? ἔκραζον es 3ª pers. plur. imperf. indic. act. de κράζω, clamo, grito (ellos continuaban gritando).

(4) εἰ γὰρ οὐ κατακαλύπτεται γυνή, καὶ κειράσθω· εἰ δὲ αἰσχρὸν γυναικὶ τὸ κείρασθαι ἢ ξυρᾶσθαι, κατακαλυπτέσθω. 7 ἀνὴρ μὲν γὰρ οὐκ ὀφείλει κατακαλύπτεσθαι τὴν κεφαλήν εἰκὼν καὶ δόξα θεοῦ ὑπάρχων· ἡ γυνὴ δὲ δόξα ἀνδρός ἐστιν. 8 οὐ γάρ ἐστιν ἀνὴρ ἐκ γυναικός ἀλλὰ γυνὴ ἐξ ἀνδρός (1 Co 11.6-8). κατακαλύπτεται, 3ª pers. sing. pres. indic. pas. de κατακαλύπτω, cubro, tapo, velo (véase λύομαι); γυνή, mujer, nombre irregular de la 3ª declinación (su gen., dat., ac, sing, son γυναικός, γυναικί, γυναῖκα respectivamente, y los casos plurales son γυναῖκες, γυναικῶν, γυναιξί, γυναῖκας); κειράσθω, 3ª pers. sing, aor. imper. medio de κείρω, rapo (que ella se rape).

Modo subjuntivo, voz pasiva

Tiempo presente: "Yo pudiera ser desatado"
(indica que se trata de un proceso)

1ª p.	λύωμαι	λυώμεθα
2ª p.	λύῃ	λύησθε
3ª p.	λύηται	λύωνται

Preste atención a la vocal larga, característica del presente del subjuntivo, etc. Fíjese también en la iota suscrita de la 2ª pers. sing.

Primer aoristo: "Yo pudiera ser desatado"
(una acción definida)

1ª p.	λυθῶ	λυθῶμεν
2ª p.	λυθῇς	λυθῆτε
3ª p.	λυθῇ	λυθῶσι (ν)

Note las terminaciones, iguales a las del subjuntivo de εἰμί; *véase la lección 13.*

Tiempo perfecto: "Yo pudiera haber sido desatado"

Este tiempo se forma uniendo el participio perfecto (véase más adelante) con el subjuntivo del verbo εἰμί. *Entonces, el significado literal sería "(que) yo pudiera haber sido desatado", pero este significado no debe ser impuesto.*

1ª p.	λελυμένος ὦ	λελυμένοι ὦμεν
2ª p.	λελυμένος ᾖς	λελυμένοι ἦτε
3ª p.	λελυμένος ᾖ	λελυμένοι ὦσι

Nota: λελυμένος, siendo un participio, también es un adjetivo y, por consiguiente, debe concordar con el sujeto en género y número; λελυμένος, -η, -ον se declina como adjetivo de la segunda declinación. Note, p. ej., la terminación -οι del plural. Esta sería -αι si se hablara de personas u objetos de género femenino.

Ejercicio sobre el modo subjuntivo de la voz pasiva

Antes de hacer este ejercicio, el estudiante deberá repasar la lección 13, donde se indican los cinco usos principales del subjuntivo. Después de esto, traduzca los pasajes con la ayuda de las notas incluidas y aprenda el significado de las palabras nuevas. Vuelva a traducir los textos al griego, y luego corrija sus resultados según el texto griego.

I. Donde se usa el subjuntivo pasivo en *clásulas de propósito* (véase lección 13, *I*)

(1) ἔπεμψα δὲ τοὺς ἀδελφούς, ἵνα μὴ τὸ καύχημα ἡμῶν τὸ ὑπὲρ ὑμῶν κενωθῇ ἐν τῷ μέρει τούτῳ, ἵνα καθὼς ἔλεγον παρεσκευασμένοι ἦτε (2 Co 9.3). ἔπεμψα, 1er. aor. indic. act. de πέμπω, envío; ἵνα μή, "para que . . . no"; τὸ καύχημα ἡμῶν τὸ ὑπερ ὑμῶν, lit., "la jactancia de nosotros (es decir; nuestra jactancia), la (jactancia) a favor de vosotros" (podemos traducir por "nuestra jactancia, que es a favor vuestro"); κενωθῇ, 1er. aor. subj. pas. de κενόω, anulo, "que (no) se haga vana, nula"; ἔλεγον, 1ª pers. sin. imperf. indi . act. de λέγω, "decía"; παρεσ-κευασμένοι ἦτε 2da pers. plur. perf. subjun. pas. de παρασ-κευάζω, preparo (está compuesta de la preposición παρά y el verbo σκευάζω; los verbos que empiezan con dos consonantes [excepto cuando se trata de una muda y una líquida] se redupli-can mediante una simple ε. Por consiguiente, παρα se vuelve παρε, como con el aumento común y corriente cuando una preposición antecede al verbo.)

(2) ὅπως ἂν ἀποκαλυφθῶσιν ἐκ πολλῶν καρδιῶν διαλο-γισμοί (Lc 2.35b). ὅπως, "para que"; ἂν no debe traducirse; ἀποκαλυφθῶσιν, 3ª pers. plur. 1er. aor. subj, pas. de ἀποκα-λύπτω, revelo; el verboconcuerda con su sujeto διαλογισμοί, pensamientos; ἐκ puede traducirse por "de", y recibe el genitivo, πολλῶν (véase lección 7).

II. Donde se usa el subjuntivo pasivo en *cláusulas condicionales* (véase lección 13, *II*)

(1) 31 νῦν κρίσις ἐστὶν τοῦ κόσμου τούτου, νῦν ὁ ἄρχων τοῦ κόσμου τούτου ἐκβληθήσεται ἔξω· 32 κἀγὼ ἐὰν ὑψωθῶ ἐκ τῆς γῆς, πάντας ἑλκύσω πρὸς ἐμαυτόν (Jn 12.31,32) κρίσις, juicio; κόσμος, mundo; ἄρχων, príncipe, gobernador; ἐκβληθήσεται, 3ª pers. sing. fut. indic. pas. de ἐκβάλλω, arrojo, echo fuera (verbo irregular); ἔξω, fuera (adverbio); κἀγώ por

καὶ ἐγώ; ὑψωθῶ, 1er. aor. subj. pas. de ὑψόω, alzo, levanto; ἕλκω, atraigo, traigo; πρός, hacia.

(2) οἴδαμεν γὰρ ὅτι ἐὰν ἡ ἐπίγειος ἡμῶν οἰκία τοῦ σκήνους καταλυθῇ, οἰκοδομὴν ἐκ θεοῦ ἔχομεν, οἰκίαν ἀ-χειροποίητον αἰώνιον ἐν τοῖς οὐρανοῖς (2 Co 5.1). οἴδαμεν, sabemos (irregular); ἐπίγειος, -α, -ον, terrenal; οἰκία, casa; σκῆνος, tabernáculo, tienda, carpa (3ª declinación, neut., como γένος, gen. -ους); καταλυθῇ, 1er. aor. subj. pas. de καταλύω, deshago, derribo (una tienda), disuelvo; οἰκοδομή, edificio; ἀχειροποίητος, no hecho de manos (el prefijo ἀ indica nega-ción; χείρ, mano; ποιητός, adjetivo verbal, hecho; por consi-guiente, "no hecho de manos").

III. Donde se usa el subjuntivo pasivo en *cláusulas relativas* (véase lección 13, *III*)

ἀμὴν δὲ λέγω ὑμῖν, ὅπου ἐὰν κηρυχθῇ τὸ εὐαγγέλιον εἰς ὅλον τὸν κόσμον, καὶ ὃ ἐποίησεν αὕτη λαληθήσεται εἰς μνημόσυνον αὐτῆς (Mc 14.9). ὅπου, donde; ὅπου ἐάν juntos se traducen "donde sea", introduciendo una cláusula rela-tiva (es decir, una clásula relativa que expresa algo indefinido; el ἐάν no debe traducirse aquí como "si", simplemente añade a ὅπου la idea de ubicación indefinida); κηρυχθῇ, 3ª pers. sing., 1er. aor. subj. pas. de κηρύσσω, predico (se traduce "sea predi-cado", no "fue predicado"; el aoristo en el subjuntivo no es necesariamente un tiempo pasado; aquí indica la predicación como un anuncio preciso. Note el subjuntivo en una clásula relativa con ἐάν, "dondequiera que el evangelio sea predicado"); καί, también; λαληθήσεται, fut. indic. pas. de λαλέω, hablo; εἰς a, hacia, para; μνημόσυνον memorial, recordatorio.

IV. Donde se usa el *subjuntivo deliberativo* (véase Lección 13, *IV*).

πῶς οὖν πληρωθῶσιν αἱ γραφαὶ ὅτι οὕτως δεῖ γενέσθαι (Mt 26.54). πῶς, cómo; οὖν, por tanto; πληρωθῶσιν, 3ª pers.

plur., 1er. aor. subj. pasiv. de πληρόω, lleno, concordando con su sujeto γραφαί; γραφή, escrito, escritura; οὕτως, así, de este modo; δεῖ, es necesario; γενέσθαι, llegar a ser (verbo irregular; véase más adelante).

V. El uso del subjuntivo pasivo en *exhortaciones* es muy raro (véase lección 13, *V*).

LECCIÓN 18

MODO OPTATIVO, VOZ PASIVA

Tiempo presente: "Yo podría ser desatado"

	Singular	Plural
1ª p.	λυοίμην	λυοίμεθα
2ª p.	λύοιο	λύοισθε
3ª p.	λύοιτο	λύοιντο

Tiempo futuro: "Yo debería ser desatado"

	Singular	Plural
1ª p.	λυθησοίμην	λυθησοίμεθα
2ª p.	λυθήσοιο	λυθήσοιοσθε
3ª p.	λυθήσοιτο	λυθήσοιντο

*Primer aoristo: "Yo podría ser
(o voy a ser) desatado"*

	Singular	Plural
1ª p.	λυθείην	λυθείημεν
2ª p.	λυθείης	λυθείητε
3ª p.	λυθείη	λυθεῖεν

Perfecto: "Yo podría haber sido desatado"

	Singular	Plural
1ª p.	λελυμένος εἴην	λελυμένοι εἴημεν
2ª p.	λελυμένος εἴης	λελυμένοι εἴητε
3ª p.	λελυμένος εἴη	λελυμένοι εἴησαν

*El pasivo optativo es muy raro. Por consiguiente no se pondrá
ningún ejercicio al respecto.*

MODO INFINITIVO, VOZ PASIVA

Pres. Infinit.	λύεσθαι, ser desatado
Futuro	λυθήσεσθαι, estar a punto de ser desatado
Primer aor.	λυθῆναι, ser desatado (al instante, de inmediato)
Perfecto	λελύσθαι, haber sido desatado

Ejercicio sobre el infinitivo pasivo

Antes de hacer este ejercicio repase las notas sobre el modo infinitivo al final de la Lección 14.

Estudie las notas que se incluyen, y aprenda el significado de las nuevas palabras; después de traducir del griego al español, vuelva a traducirlo a la inversa, como ha hecho antes.

(1) πιστὸς δὲ ὁ θεός, ὃς οὐκ ἐάσει ὑμᾶς πειρασθῆναι ὑπὲρ ὃ δύνασθε ἀλλὰ ποιήσει σὺν τῷ πειρασμῷ καὶ τὴν ἔκβασιν (1 Co 10.13b). πιστός, fiel; ἐάσει, 3ª pers. sing. fut, indic. de ἐάω, permito; πειρασθῆναι, 1er. aor. infin. pas. de πειράζω, tiento; ὑπέρ, sobre, encima; ὁ, ac. neut. sing. de ὅς; δύνασθε, sois capaces; πειρασμός, tentación; ἔκβασις, manera de escape, salida.

(2) ἀλλὰ μετὰ τὸ ἐγερθῆναί με προάξω ὑμᾶς εἰς τὴν Γαλιλαίαν (Mc 14.28). Note particularmente la frase μετὰ τὸ ἐγερθῆναί με; la preposición μετά es "después", gobierna todo el resto de la frase en el caso acusativo; el artículo τό describe la frase ἐγερθῆναί με, que, literalmente, quiere decir, "yo ser levantado", el verbo está en 1er. aor. infin. pas. de ἐγείρω, levanto. Estas dos palabras forman la construcción conocida como acusativo con infinitivo, que se explicará más adelante. Consecuentemente, τὸ ἐγερθῆναί με es "el yo ser levantado". Literalmente, entonces, la frase entera es: "después de ser yo levantado"; es decir, "después [del hecho] de que yo sea levantado", y por eso debemos traducirlo "después que yo sea levantado", porque ese es la forma usual en español; προάξω fut. de προάγω, voy delante.

(3) ὁ δὲ Ἰωάννης διεκώλυεν αὐτὸν λέγων, Ἐγὼ χρείαν ἔχω ὑπὸ σοῦ βαπτισθῆναι, καὶ σὺ ἔρχη πρός με (Mt 3.14).

διεκώλυεν, 3a. pers. sing. imperf. ind. de διακωλύω, impido (imperf.: trataba de impedir; note el aumento, la preposición διά que entra en la composición del verbo cambia a διε-); βαπτισ-θῆναι), 1er. aor., infin. pas. de βαπτίζω; ἔρχῃ, vienes (verbo irregular).

(4) οὗτος ἤκουσεν τοῦ Παύλου λαλοῦντος· ὃς ἀτενίσας αὐτῷ καὶ ἰδὼν ὅτι ἔχει πίστιν τοῦ σωθῆναι (Hch 14.9). ἤκουσεν, imperfecto de ἀκούω oigo, que toma el caso genitivo (τοῦ Παύλου); note la ἀ que hace el aumento en ἠ. No se debe traducir el τοῦ; el artículo con frecuencia va con un nombre propio; λαλοῦντος, gen. sing. masc, pres., participio de λαλέω, hablo, por λαλέοντος (εο se vuelve ου); ἀτενίσας, nom., sing., masc., 1er. aor., part. de ἀτενίζω, miro fijamente; ἰδών, viendo (que se explica más adelante); σωθῆναι, 1er. aor. infin. pas. de σώζω, salvo; no se debe traducir el τοῦ; τοῦ σωθῆναι es construcción del genitivo después de πίστιν, fe, lit. "fe de ser salvo", es decir, "fe para ser salvo".

PARTICIPIOS DE LA VOZ PASIVA

Nota: Estos son adjetivos verbales, como los de la voz activa. Se los declina como adjetivos, cuya forma particular concuerda en caso, número y género con el nombre o pronombre al cual el participio se refiere.

Participio presente: "siendo desatado"

Masc. λυόμενος   Fem. λυομένη   Neut. λυόμενον

Se declina, en singular y en plural, como ἀγαθός (véase Lección 4).

Participio futuro: "a punto de ser desatado"

Masc. λυθησόμενος   Fem. λυθησομένη   Neut. λυθησόμενον

Participio primer aoristo: "habiendo sido desatado"

Masc. λυθείς   Fem. λυθεῖσα   Neut. λυθέν

Este se declina como ἑκών, ἑκοῦσα, ἑκόν (Lección 9), la -ε-
toma el lugar de -ο- en el masculino y neutro en todos los casos,
excepto el nom. sing. masc, y el dat. plur., y -ει- toma el lugar
de -ου- en el fem. y en todos los géneros en el dat. plural.

Así el genitivo singular es λυθέντος, λυθείσης, λυθέντος,
el acusativo singular es λυθέντα, λυθεῖσαν, λυθέν, y el dat.
plur. es λυθεῖσι, λυθείσαις, λυθεῖσι.

Participio perfecto: "habiendo sido desatado"

Masc. λελυμένος   Fem. λελυμένη   Neut. λελυμένον

Ejercicio

*Traduzca los siguientes pasajes, con la ayuda de las notas
que se incluyen; aprenda el significado de las nuevas palabras
y luego tradúzcalos de nuevo al griego.*

(1) τῇ γὰρ ἐλπίδι ἐσώθημεν· ἐλπὶς δὲ βλεπομένη οὐκ
ἔστιν ἐλπίς· ὃ γὰρ βλέπει τίς ἐλπίζει (Ro 8.24). τῇ ...
ἐλπίδι es dat. de instrumentalidad, "mediante esperanza"; ἐσ-
ώθημεν, 1ª pers. plur., 1er. aor. indic. pas. de σώζω, salvo;
βλεπομένη, nom. sing. fem., pres. part. pas. de πλέπω, veo,
"siendo visto"; ὃ neutro de ὅς; τις, alguien.

(2) καὶ ἐπέθηκαν ἐπάνω τῆς κεφαλῆς αὐτοῦ τὴν αἰτίαν
αὐτοῦ γεγραμμένην· Οὗτός ἐστιν᾽ Ἰησοῦς ὁ βασιλεῦς τῶν
᾽Ιουδαίων (Mt 27.37). ἐπέθηκαν, pusieron (forma que se explicará más adelante), ἐπάνω, encima (preposición que toma el
genitivo); κεφαλή, cabeza; αἰτία, acusación, cargo (aquí el
objeto ac. del verbo ἐπέθηκαν); γεγραμμένην, ac. sing. fem.,
perf. part., pas. de γράφω, escribo, "habiendo escrito", o sencillamente "escrito" (la raíz de γράφω es γραπ, y γεγραπμένην
se vuelve γεγραμμένην, la π se asimila a la μ por cuestión de
pronunciación).

(3) καὶ γὰρ ἐγὼ ἄνθρωπός εἰμι ὑπὸ ἐξουσίαν τασσόμενος ἔχων ὑπ᾽ ἐμαυτὸν στρατιώτας (Lc 7.8a). καί, también;

ὑπό, bajo; ἐξουσία, autoridad; τασσόμενος, nom. sing., masc.,
pres. part., pas. de τάσσω, pongo, "siendo puesto, estando";
στρατιώτης, soldado (como μαθητής, Lección 3).

(4) 14 ὁ δὲ ἐγερθεὶς παρέλαβεν τὸ παιδίον καὶ τὴν
μητέρα αὐτοῦ νυκτὸς καὶ ἀνεχώρησεν εἰς Αἴγυπτον, 15
καὶ ἦν ἐκεῖ ἕως τῆς τελευτῆς Ἡρῴδου· ἵνα πληρωθῇ τὸ
ῥηθὲν ὑπὸ κυρίου διὰ τοῦ προφήτου λέγοντος, Ἐξ Αἰγύπ-
του ἐκάλεσα τὸν υἱόν μου (Mt 2.14,15). ὁ δὲ, pero él; ἐγερ-
θείς, nom., sing., masc., 1er. aor., part. pas. de ἐγείρω, levanto,
despierto, lit. "habiendo sido levantado"; παρέλαβεν, "tomó"
(verbo irregular; παιδίον, niño, muchacho; νυκτός, de noche
genitivo de νύξ (genitivo de tiempo); ἀνεχώρησεν, 3ª pers.
sing., 1er. aor. indic. activo de ἀναχωρέω, parto, salgo (note el
aumento -ε- en la preposición ἀνε); ἐκεῖ, allí; ἕως, hasta;
τελευτή, fin, o muerte; πληρωθῇ, 3ª pers. sing., 1er. aor. subj.
pas. de πληρόω, cumplo, lleno; ῥηθέν, nom., sing., neut., 1er.
aor. part. pas. de ῥέω, pronuncio, hablo (véase λυθείς, λυθεῖσα,
λυθέν, arriba), διά, mediante, por medio de (rige genitivo).

EL SEGUNDO AORISTO PASIVO

Las terminaciones de este tiempo son las mismas del primer
aoristo en todos los modos (excepto una terminación) pero la
terminación se añade a la raíz simple y sin la -θ-. Así, mientras
que el primer aor. indic. pas. de τύπτω, golpeo, es ἐτύφθην, etc.,
el segundo aoristo es ἐτύπην., etc., La única excepción es la 2ª
pers. sing., imperativo, donde se halla -θι en lugar de -τι.

Con lo que sigue será suficiente. El estudiante que ha aprendido los tiempos del primer aoristo estará listo para decir de
memoria todo el segundo aoristo. En todo caso debe escribir éste
por completo. Los significados son los mismos.

Indicativo	ἐτύπην
Imperativo	τύπηθι (3ª p. s., τυπήτω)
Subjuntivo	τύπω

Optativo	τυπείην
Infinitivo	τυπῆναι
Participio	τυπεί ς, -εῖ σα, έ ν

LA VOZ MEDIA

En tanto que en español hay solo dos voces, activa y pasiva, el griego tiene tres. La voz media principalmente significa que una persona tiene un interés especial en los efectos de su acción, y que actúa bien sea sobre sí mismo, o por sí mismo, o que cuando actúa por otros tiene un interés personal en su condición y bienestar. Algunas veces, sin embargo, es escasamente posible distinguir entre el significado de las voces medias y activa. A continuación se dan algunos ejemplos.

En los cuatro tiempos de la voz media las formas son las mismas como en la pasiva. Son el presente, imperfecto, perfecto y pluscuamperfecto. En consecuencia para el paradigma de esta se refiere al estudiante a la voz pasiva (Lección 16). Los tiempos futuro y aoristo son diferentes.

VOZ MEDIA—MODO INDICATIVO

Para los cuatro tiempos siguientes, véase la voz pasiva: *Presente*, λύομαι, etc., "estoy soltándome (o para mí mismo)"; *imperfecto*, ἐλυόμην, etc., "estaba desatándome (o para mí mismo)"; *perfecto*, λέλυμαι, *etc. "me he desatado* (o para mí mismo)"; *pluscuamperfecto*, ἐλελύμην, etc., "he, etc."

Futuro: "me desataré (o para, etc.)"

	Singular	Plural
1ª p.	λύσομαι	λυσόμεθα
2ª p.	λύση	λύσεσθε
3ª p.	λύσεται	λύσονται

Primer aoristo: "me desaté
(o para poner:)"

	Singular	Plural
1ª p.	ἐλυσάμην	ἐλυσάμεθα
2ª p.	ἐλύσω	ἐλύσασθε
3ª p.	ἐλύσατο	ἐλύσαντο

Modo Imperativo

Para los dos tiempos siguientes véase la voz pasiva: *presente,* λύου, etc. "suéltate (o para ti mismo)"; *perfecto,* λέλυσο, etc., "hazte desatar (o para ti msmo)", etc. No hay imperfecto o pluscuamperfecto fuera del indicativo, ni tampoco futuro en el imperativo y subjuntivo.

Primer aoristo: "suéltate (o para ti mismo)"

	Singular	Plural
2ª p.	λῦσαι	λύσασθε
3ª p.	λυσάσθω	λυσάσθωσαν
		ο λυσάσθων

Modo Subjuntivo

Para los dos siguientes tiempos véase la voz pasiva: *presente,* λύωμαι, etc., "(que) me suelte yo (o para mí mismo)"; *perfecto,* λελυμένος ὦ, etc., "(que) yo me haya desatado (o para mí mismo)".

Primer aoristo: "(que) me suelte (o para mí mismo)"

	Singular	Plural
1ª p.	λύσωμαι	λυσώμεθα
2ª p.	λύσῃ	λύσησθε
3ª p.	λύσηται	λύσωνται

VOZ MEDIA—MODO OPTATIVO

Para los dos tiempos siguientes, véanse los paradigmas de la voz pasiva: presente: λυοίμην, etc., "podría desatarme (o para mí mismo)"; perfecto λελυμένος εἴην, etc., "podría haberme desatado (o para mí mismo)".

Futuro: "Debería desatarme (o para mí mismo)"

	Singular	Plural
1ª p.	λυσοίημν	λυσοίμεθα
2ª p.	λύσοιο	λύσοισθε
3ª p.	λύσοιτο	λύσοιντο

Primer aoristo: "podría desatarme (o para mí mismo)"

	Singular	Plural
1ª p.	λυσαίμην	λυσαίμεθα
2ª p.	λύσαιο	λύσαισθε
3ª p.	λύσαιτο	λύσαιντο

MODO INFINITIVO

Presente (como el pasivo), λύεσθαι, "desatarse (o para uno mismo)"; *perfecto* (como el pasivo), λελύσθαι, "haberse desatado uno mismo (o para uno mismo)".

Futuro, λύσεσθαι, "estar a punto de desatarse (o para uno mismo)".

Primer aoristo, λύσασθαι, "desatarse uno mismo (o para uno mismo) inmediatamente".

PARTICIPIOS

Presente (como el pasivo), λυόμενος, -η, -ον, etc., "desatándose uno mismo (o para uno mismo)"; *perfecto* (como el pasivo), λελυμένος, -η, -ον, etc., "habiéndose desatado uno mismo (o para uno mismo)". *Futuro,* λυσόμενος, -η, -ον, "estar a punto de desatarse (etc.)". *Primer aoristo,* λυσάμενος, -η, -ον, "haberse desatado uno mismo (o para uno mismo) inmediatamente".

El estudiante debe comparar y contrastar los futuros y primer aoristos de los varios modos estudiados, con los de la voz pasiva. Note cuidadosamente las diferencias. Debe escribir, en columnas paralelas, todas las formas de memoria.

Ejercicio sobre la voz media

Con la ayuda de las notas que se ofrecen, traduzca los siguientes pasajes, y apréndase las nuevas palabras. Después, retraduzca los textos al griego.

(1) αἰτεῖτε καὶ οὐ λαμβάνετε διότι κακῶς αἰτεῖσθε, ἵνα ἐν ταῖς ἡδοναῖς ὑμῶν δαπανήσητε. (Stg 4.3). αἰτεῖτε, 2ª pers. plur. pres. indic. act. de αἰτέω, pido, pregunto, en vez de αἰτέετε, -εε-, se contrae en -ει-); λαμβάνω, recibo; διότι, porque; κακῶς, mal, equivocadamente; αἰτεῖσθε, (por αἰτέεσθε), la misma persona, número, tiempo y modo de αἰτεῖτε, pero en voz media, "pedís para vosotros mismos" (note el cambio que indica propósito, recalcando el egoísmo); ἡδονή, placer; δαπανήσητε, 1er. aor. subj. de δαπανάω, gasto.

(2) καὶ νῦν τί μέλλεις; ἀναστὰς βάπτισαι καὶ ἀπόλουσαι τὰς ἁμαρτίας σου ἐπικαλεσάμενος τὸ ὄνομα αὐτοῦ (Hch 22.16). τί, ¿por qué?; μέλλεις, 2ª pers. sing., pres. indic., de μέλλω, tardo, me retraso; ἀναστάς, "habiéndose levantado" (aoristo participio, que se explicará más adelante); βάπτισαι, 2ª pers. sing., 1er. aor. imper. medio, de βαπτίζω, lit., "bautízate tú mismo"; ἀπόλουσαι, mismo tiempo y voz, de ἀπολούω, lavo, "lava (tus pecados)"; ἐπικαλεσάμενος, 1er. aor. part. medio,

de ἐπικαλέω, clamo, invoco, "invoca por ti mismo a . . ." Note la fuerza de todos estos aoristos, que implican acción decisiva e inmediata, la voz media significa, en los dos primeros casos, que Saulo debía hacer los preparativos para que estas cosas se realizaran.

(3) οἱ γὰρ Φαρισαῖοι καὶ πάντες οἱ Ἰουδαῖοι ἐὰν μὴ πυγμῇ νίψωνται τὰς χεῖρας οὐκ ἐσθίουσιν, κρατοῦντες τὴν παράδοσιν τῶν πρεσβυτέρων, 4 καὶ ἀπ' ἀγορᾶς ἐὰν μὴ βαπτίσωνται [en ediciones anteriores de Nestlé: ῥαντίσωνται] οὐκ ἐσθίουσιν, καὶ ἄλλα πολλά ἐστιν ἃ παρέλαβον κρατεῖν, βαπτισμοὺς ποτηρίων καὶ ξεστῶν καὶ χαλκίων [καὶ κλινῶν]. (Mc 7.3,4). πυγμή, puño (el dativo aquí significa "con el puño" expresión idiomática usada para denotar lavarse; lavarse con el puño era lavarse "diligentemente"); νίψωνται, 3ª pers. plur., 1er. aor. subj. medio de νίπτω, lavo: subjuntivo condicional después de ἐὰν μὴ, "si no", es decir, a menos que; χείρ, mano (fem); ἐσθίω, como (de comer); κρατοῦντες, por κρατέοντες, nom., plur., masc., pres. part. de κρατέω, guardo; παράδοσις, tradición (se declina como πόλις); πρεσβύτερος, anciano; ἀπ', por ἀπό (con gen.); ἀγορά, mercado, plaza; ῥαντίσωνται, 1er. aor. subj. medio de ῥαντιζω, rocío, salpico (note la fuerza de la voz media en cada caso, manifestando un celoso interés personal en lavarse y rociarse); ἄλλα, neut. plur. de ἄλλος, otro, "otras cosas" (distíngase esta forma de ἀλλά, "pero"); ἐστίν, aun cuando está en singular, debe traducirse "son" debido a la regla que establece que *cuando el sujeto de un verbo está en neutro plural, el verbo debe ir en singular.* Aquí se debe traducir por "son" o "hay"; παρέλαβον, "recibieron" (verbo irregular); κρατεῖν, pres. infin.; para las palabras ποτήριον, ζέστης y χαλκίον véase un léxico griego.

(4) Ὁμοία γάρ ἐστιν ἡ βασιλεία τῶν οὐρανῶν ἀνθρώπῳ οἰκοδεσπότῃ, ὅστις ἐξῆλθεν ἅμα πρωῒ μισθώσασθαι ἐργάτας εἰς τὸν ἀμπελῶνα αὐτοῦ (Mt 20.1). ὅμοιος, -α, -ον, semejante, similar; para βασιλεία y οἰκοδεσπότης, véase un léxico; ὅστις, quien; ἐξῆλθεν, "salió" (verbo irregular); ἅμα πρωῒ, lit. "juntos temprano", es decir "temprano en la mañana",

μισθώσασθαι, 1er., aor., infin. medio de μισθόω, contrato (infinitivo de propósito), "contratar para sí mismo".

(5) Ἐν σοφίᾳ περιπατεῖτε πρὸς τοὺς ἔξω τὸν καιρὸν ἐξαγοραζόμενοι (Col 4.5). περιπατεῖτε (por περιπατέετε), 2ª pers. plur., pres. imperativo, activo de περιπατέω, camino; ἔξω, sin; ἐξαγοραζόμενοι, nom., plur., masc., pres. part. medio, de ἐξαγοράζω, libertar; en la voz media: aprovechar (lo mejor posible), "aprovechad para vosotros mismos".

(6) καὶ ἐξάπινα περιβλεψάμενοι οὐκέτι οὐδένα εἶδον ἀλλὰ τὸν Ἰησοῦν μόνον μεθ' ἑαυτῶν (Mc 9.8). ἐξάπινα, repentinamente; περιβλεψάμενοι, 1er. aor. participio, medio de περιβλέπω, miro alrededor (περί, alrededor, βλέπω, miro); toda la expresión sería "habiendo mirado alrededor", la voz media expresa su profundo interés de manera tal que no puede indicarse en español; οὐκέτι, no más; οὐδένα, ac. de οὐδείς, nadie; εἶδον, "vieron" (verbo irregular); μόνον, solo; μεθ' por μετά (cuando esta preposición toma el genitivo significa "con").

Nota: El estudiante debe familiarizarse con toda la conjugación del verbo λύω *en las tres voces (activa, media y pasiva). Esto facilitaría grandemente la lectura del Nuevo Testamento en griego. Para aprender por completo el verbo regular, sería bueno que escriba, de memoria las terminaciones de los varios tiempos de los siguientes verbos (corrigiendo los resultados, de ser necesario), que siguen el modelo de* λύω: βουλεύω, *aconsejo (el significado de este verbo en la voz media es "aconsejarse a uno mismo", o sea, "deliberar, meditar").*

Verbos Deponentes

Estos son verbos que aparecen solo en forma media o pasiva, aun cuando tienen significado activo. Se les llama deponentes por el verbo latino *"deponere"*, poner de lado, pues se considera que dejan de lado los significados pasivos.

Los siguientes verbos son muy comunes y el estudiante debe aprenderlos de memoria; en especial las varias formas irregulares de los tiempos mencionados.

βούλομαι, deseo, anhelo, me propongo; imperf., ἐβουλόμην, 1er. aor. ἐβουλήθην.

ἀποκρίνομαι, respondo; para el pasado, "respondí", se usa el 1er. aor. pas. ἀπεκρίθην (esta es la forma usual), o el 1er. aor. medio, ἀπεκρινάμην. Así, "él respondió" usualmente es ἀπεκρίθη, pero en siete lugares hallamos ἀπεκρίνατο.

γίνομαι, llego a ser; imperf., ἐγινόμην; fut., γενήσομαι; 1er. aor., (pasivo en forma) ἐγενήθην; perf. γεγένημαι. Hay un perf. con forma activa, γέγονα, y con el mismo significado: "he llegado a ser"; hay también un 2° aor. ἐγενόμην, "llegué a ser" con las mismas terminaciones como el imperf. Este 2° aor es común en la 3ª pers sing., optativo, γένοιτο, en la frase μὴ γένοιτο, "que no sea", traducida "Dios no lo quiera".

δέχομαι, recibo; 1er. aor., ἐδεξάμην; perf. δέδεγμαι.

λογίζομαι, reconozco, considero; 1er. aor., ἐλογισάμην, reconocí, consideré; 1er. aor. pas. ἐλογίσθην, "fui considerado".

ἄρχομαι, empiezo; fut. ἄρξομαι; 1er. aor. ἠρξάμην.

ἔρχομαι, vengo; imperf. ἠρχόμην; otras formas son irregulares, como sigue: fut. ἐλεύσομαι; perf. ἐλήλυθα, 2° aor. ἦλθον.

Ejercicio sobre los verbos deponentes

(1) Traduzca:᾽Εν ἀρχῇ ἦν ὁ λόγος, καὶ ὁ λόγος ἦν πρὸς τὸν θεόν, καὶ θεὸς ἦν ὁ λόγος. 2 οὗτος ἦν ἐν ἀρχῇ πρὸς τὸν θεόν. 3 πάντα δι' αὐτοῦ ἐγένετο, καὶ χωρὶς αὐτοῦ ἐγένετο οὐδὲ ἕν. ὃ γέγονεν 4 ἐν αὐτῷ ζωὴ ἦν, καὶ ἡ ζωὴ ἦν τὸ φῶς τῶν ἀνθρώπων· 5 καὶ τὸ φῶς ἐν τῇ σκοτίᾳ φαίνει, καὶ ἡ σκοτία αὐτὸ οὐ κατέλαβεν. 6᾽Εγένετο ἄνθρωπος ἀπεσταλμένος παρὰ θεοῦ, ὄνομα αὐτῷ᾽Ιωάννης· 7 οὗτος ἦλθεν εἰς μαρτυρίαν, ἵνα μαρτυρήσῃ περὶ τοῦ φωτός, ἵνα πάντες πιστεύσωσιν δι' αὐτοῦ. 8 οὐκ ἦν ἐκεῖνος τὸ φῶς, ἀλλ' ἵνα μαρτυρήσῃ περὶ τοῦ φωτός. 9 ᾽Ην τὸ φῶς τὸ ἀληθινόν, ὃ φωτίζει πάντα ἄνθρωπον, ἐρχόμενον εἰς τὸν κόσμον (Jn 1.1-9). En el v. 3, δι' aparece en vez de διά, por; ἐγένετο está en 3ª pers. sing., 2° aor. de γίνομαι

(véase la lista arriba), y aun cuando es plural en significado, es singular en forma, pues tiene un sujeto neutro plural πάντα, todas las cosas, "todas las cosas llegaron a ser". El siguiente ἐγένετο es singular en concordancia con ἕν, una cosa (ἕν es el neutro del numeral εἷς, μία, ἕν, masc., fem., neut, "un, una, uno"); οὐδέ es "ni siquiera", ἐγένετο οὐδὲ ἕν, "ni siquiera una sola llegó a ser" (distíngase el numeral ἕν de la preposición ἐν, en); ὅ, neut. del pron. relat. ὅς, lo cual; γέγονεν, 3ª pers. sing., perf. de γίνομαι, ha llegado a ser; en el v. 5, κατέλαβεν, comprendieron, está como verbo irregular, que se estudiará más adelante. En el v. 6 traduzca Ἐγένετο por "hubo"; ἀπεσταλμένος, enviado (este participio perfecto se verá más adelante); παρά con el gen., "de, desde". En el v. 7, ἦλθεν está en 3ª pers. sing., 2º aor. de ἔρχομαι (véase arriba); εἷς, a (es decir "para"); μαρτυρήσῃ, 1er. aor. subj. de μαρτυρέω; περί, respecto, concerniente a ; πιστεύσωσιν, 1er. aor. subj. En el v. 9 πάντα es ac., sing., masc., "todo"; ἐρχόμενον, nom., sing., neut. pres. part. "llegando", y este concuerda y va con φῶς (neut.), no con ἄνθρωπον.

(2) Traduzca: εἶδεν ὁ Ἰησοῦς τὸν Ναθαναὴλ ἐρχόμενον πρὸς αὐτὸν καὶ λέγει περὶ αὐτοῦ, Ἴδε ἀληθῶς Ἰσραηλίτης ἐν ᾧ δόλος οὐκ ἔστιν. 48 λέγει αὐτῷ Ναθαναήλ, Πόθεν με γινώσκεις; ἀπεκρίθη Ἰησοῦς καὶ εἶπεν αὐτῷ, Πρὸ τοῦ σε Φίλιππον φωνῆσαι ὄντα ὑπὸ τὴν συκῆν εἶδόν σε. 49 ἀπεκρίθη αὐτῷ Ναθαναήλ, Ῥαββί, σὺ εἶ ὁ υἱὸς τοῦ θεοῦ, σὺ βασιλεὺς εἶ τοῦ Ἰσραήλ (Jn 1.47-49). εἶδεν, vio, 2º aor. irregular (se verá más adelante), Ἴδε, mirad, he aquí; ἀληθῶς, verdaderamente; Πόθεν, ¿de dónde?; γινώσκεις, 2ª pers. sing., pres. indic. de γινώσκω, conozco; ἀπεκρίθη, 3ª pers. sing., 1er., aor. indic (pasivo en forma) de ἀποκρίνομαι (véase la lista arriba); este toma el dativo "(le respondió) a él". Estudie cuidadosamente la frase Πρὸ τοῦ σε Φίλιππον φωνῆσαι con la ayuda de las siguientes indicaciones, y vea las notas sobre el infinitivo, Lección 15: πρό, antes (prep. que toma el gen.); τοῦ (este artículo, gen. en caso después de πρό, no debe traducirse; califica toda la frase que sigue); σε, a ti, es el objeto de φωνῆσαι

(te llamara); φωνῆσαι es el 1er. aor. infin. de φωνέω, llamo, lit.
"haber llamado"; el sujeto del infinitivo es Φίλιππον (para esta
construcción del ac. con el infin., véase la Lección 18; p. 120);
esta frase σε φωνῆσαι Φίλιππον es, lit. "Felipe te ha llamado";
esta frase entera, con su artículo τοῦ, está gobernada por πρό;
lit. por consiguiente, tenemos "Antes Felipe haber llamado a ti".
La única manera de traducir esta concisa frase idiomática es
"Antes de que Felipe te llamara"; ὄντα es ac. sing. masc. de ὤν,
pres. part. de εἰμί (véase Lección 9) "ser, estar" (es decir;
"cuando estabas"); ὑπό, bajo; εἶδον, vi. En el v. 49 el τοῦ antes
de Ἰσραήλ no debe traducirse, pues el artículo por lo general se
usa con los nombres propios.

VERBOS CONTRACTOS

Nota: Las contracciones tienen lugar solo en los tiempos presente e imperfecto. Todos los demás tiempos, dado que no tienen dos vocales juntas, se forman regularmente; sin embargo, toman una vocal larga en la penúltima sílaba (véase abajo).

Cuando una α, ε, o oprecede a otra vocal (larga o corta), por lo general ambas se contraen en una sílaba. Esto se ha ilustrado en los nombres y adjetivos con vocales contraídas (véase la lección 7). Hay tres formas de verbos: los que tienen raíz terminada en –α, p. ej. τιμάω (τιμῶ), raíz τιμα, honro; los que tienen raíz terminada en –ε, p. ej. φιλέω (φιλῶ), raíz φιλε, amo, quiero; y los que tienen raíz terminada en –o, p. ej., δηλόω (δηλῶ), raíz δηλο, manifiesto.

En los siguientes paradigmas se dan, entre paréntesis, las formas que no están contraídas. El estudiante debe memorizar las formas contraídas.

VERBOS CONTRACTOS CON RAÍZ TERMINADA EN -α-

(τιμάω) τιμῶ, honro.

VOZ ACTIVA
MODO INDICATIVO

Tiempo presente

1ª p.	(τιμάω)	τιμῶ	(τιμάομεν)	τιμῶμεν
2ª p.	(τιμάεις)	τιμᾷς	(τιμάετε)	τιμᾶτε
3ª p.	(τιμάει)	τιμᾷ	(τιμάουσι)	τιμῶσι

Tiempo imperfecto

1ª p.	(ἐτίμαον)	ἐτίμων	(—ομεν)	ἐτιμῶμεν
2ª p.	(—ες)	ἐτίμας	(—ετε)	ἐτιμᾶτε
3ª p.	(—ε)	ἐτίμα	(—ον)	ἐτίμων

MODO IMPERATIVO

Tiempo presente

2ª p.	(τίμαε)	τίμα	(τιμάετε)	τιμᾶτε
3ª p.	(—έτω)	τιμάτω	(—έτωσαν)	τιμάτωσαν

MODO SUBJUNTIVO

Debido a las contracciones, el presente del subjuntivo es exactamente igual al presente del indicativo.

MODO OPTATIVO

Tiempo presente

1ª p.	(τιμάοιμι)	τιμῷμι	(—οιμεν)	τιμῷμεν
2ª p.	(—οις)	τιμῷς	(—οιτε)	τιμῷτε
3ª p.	(—οι)	τιμῷ	(—οιεν)	τιμῷεν

Note que la iota se convierte en iota suscrita en cada persona. Para este tiempo hay una forma alternativa y más usual, que es la siguiente:

1ª p.	τιμῴμην	—ημεν
2ª p.	—ης	—ητε
3ª p.	—η	—ησαν

MODO INFINITIVO (*presente*)

(τιμάειν) τιμᾶν

Participio (*presente*)

Masc.	Fem.	Neut.
(τιμάων) τιμῶν	(τιμάουσα) τιμῶσα	(τιμάον) τιμῶν

VOCES PASIVA Y MEDIA
MODO INDICATIVO

Tiempo presente

1ª p.	(τιμάομαι)	τιμῶμαι	(—όμεθα)	τιμώμεθα
2ª p.	(—ῃ)	τιμᾷ	(—εσθε)	τιμᾶσθε
3ª p.	(—εται)	τιμᾶται	(—ονται)	τιμῶνται

Tiempo imperfecto

1ª p.	(ἐτιμάομην)	ἐτιμώμην	(—όμεθα)	ἐτιμώμεθα
2ª p.	(—ου)	ἐτιμῶ	(—εσθε•)	ἐτιμᾶσθε
3ª p.	(—ετο)	ἐτιμᾶτω	(—ονται)	ἐτιμῶντο

MODO IMPERATIVO

Tiempo presente

2ª p.	(τιμάου)	τιμῶ	(—εσθε)	τιμᾶσθε
3ª p.	(—έσθε)	τιμάσθω	(—έσθωσαν)	τιμάσθωσαν
			(o —έσθων)	τιμάσθων

MODO SUBJUNTIVO

Se conjuga como el indicativo.

MODO OPTATIVO

Tiempo presente

1ª p.	(τιμαοίμην)	τιμῴμην	(—οίμεθα)	τιμῴμεθα
2ª p.	(—οιο)	τιμῷο	(—οισθε)	τιμῷσθε
3ª p.	(—οιτο)	τιμῷτο	(—ονται)	τιμῷντο

MODO INFINITIVO

Tiempo presente

(τιμάεσθαι) τιμᾶσθαι

PARTICIPIO

Masc.	Fem.	Neut.
(τιμαόμενος)	(—ομένη) τιμωμένη	(—όμενον)
τιμώμενος		τιμώμενον

Ejercicio sobre los verbos contractos
con terminación en -αω

Traduzca los siguientes textos al español. Retradúzcalos después al griego.

(1) ἐγὼ δὲ λέγω ὑμῖν, ἀγαπᾶτε τοὺς ἐχθροὺς ὑμῶν καὶ προσεύχεσθε ὑπὲρ τῶν διωκόντων ὑμᾶς (Mt 5.44). ἀγαπᾶτε, pres. imperat. act. de ἀγαπάω; προσεύχεσθε, pres. imperat. de προσεύχομαι (véanse los verbos deponentes en la lección previa); ὑπέρ, por, o a causa de (toma el gen.); διωκόντων, gen. plur. pres. part. de διώκο.

(2) καὶ τὸ ἀγαπᾶν αὐτὸν ἐξ ὅλης τῆς καρδίας καὶ ἐξ ὅλης τῆς συνέσεως καὶ ἐξ ὅλης τῆς ἰσχύος καὶ τὸ ἀγαπᾶν τὸν πλησίον ὡς ἑαυτὸν περισσότερόν ἐστιν πάντων τῶν ὁλοκαυτωμάτων καὶ θυσιῶν (Mc 12.33). ἀγαπᾶν, pres. infin.; el artículo no se traduce, sino que indica el carácter de nombre

del verbo en infinitivo, y así τὸ ἀγαπᾶν forman el sujeto de ἐστιν; ἐξ (es decir, ἐκ), desde dentro de (o, con); συνέσεως, gen. de σύνεσις; περισσότερον, más (grado comparativo; el comparativo, que en español va seguido por la palabra "que", en griego sencillamente va seguido del caso genitivo. Así περισσότερον πάντων no es "más de todo" sino "más que todo"); θυσιῶν, gen. plur. de θυσία.

(3) 15 Ὅτε οὖν ἠρίστησαν λέγει τῷ Σίμωνι Πέτρῳ ὁ Ἰησοῦς, Σίμων Ἰωάννου, ἀγαπᾷς με πλέον τούτων; λέγει αὐτῷ, Ναὶ κύριε, σὺ οἶδας ὅτι φιλῶ σε. λέγει αὐτῷ, Βόσκε τὰ ἀρνία μου. 16 λέγει αὐτῷ πάλιν δεύτερον, Σίμων Ἰωάννου, ἀγαπᾷς με; λέγει αὐτῷ, Ναὶ κύριε, σὺ οἶδας ὅτι φιλῶ σε. λέγει αὐτῷ, Ποίμαινε τὰ πρόβατά μου. ἠρίστησαν, 3era per. plur., 1er. aor. activo de ἀριστάω (Jn 21.15, 16). Σίμων Ἰωάννου, Simón, hijo de Jonás (la palabra υἱός, hijo, fue omitida en esta frase); πλέον, más (comparativo seguido del genitivo, es decir, "más que estos"; véase arriba en [2]); σύ, note el énfasis en este pronombre; οἶδας, sabes (verbo irregular).

(4) μακάριοι οἱ πεινῶντες καὶ διψῶντες τὴν δικαιοσύνην, ὅτι αὐτοὶ χορτασθήσονται (Mt 5.6). πεινῶντες y διψῶντες (por πεινάοντες y διψάοντες), nom. plur., pres. part. de πεινάω y διψάω; χορτασθήσονται, 3ª pers. plur. fut. indic. pas. de χορτάζω.

VERBOS CONTRACTOS
CON RAÍZ TERMINADA EN -ε

Estos verbos presentan poca dificultad. La -ε- se pierde cuando va antes de una vocal larga o de una vocal combinada (como -οι- o -ου-). Además, -εε- se vuelve -ει-, y -εο- se torna -ου-. La conjugación de unos cuantos tiempos será suficiente para ilustrar estas reglas. El estudiante debe conjugar el verbo φιλέω completamente, de la misma manera que τιμάω. Preste atención a las contracciones ya mencionadas.

(φιλέω), φιλῶ, amo, quiero (raíz: φιλε-)

Voz activa

Modo indicativo

Tiempo presente

1ª p.	(φιλέω)	φιλῶ	(—έομεν)	φιλοῦμεν
2ª p.	(—έεις)	φιλεῖς	(—έετε)	φιλεῖτε
3ª p.	(—έει)	φιλεῖ	(—έουσι)	φιλοῦσι

Tiempo imperfecto

1ª p.	(ἐφίλεον)	ἐφίλουν	(—έομεν)	ἐφιλοῦμεν
2ª p.	(—εες)	ἐφίλεις	(—έετε)	ἐφιλεῖτε
3ª p.	(—εε)	ἐφίλει	(—εον)	ἐφίλουν

El resto de los tiempos de la voz activa, así como las voces media y pasiva, pueden conjugarse fácilmente. Aquí, el participio presente activo se contrae como sigue:

(φιλέων) φιλῶν, (φιλέουσα) φιλοῦσα, (φιλέον) φιλοῦν

El infinitivo pasivo es φιλεῖσθαι (por φιλέεσθαι)

Verbos contractos con raíz terminada en –οω

En esta tercera clase debe prestarse atención a las siguientes reglas:

La ο seguida de una vocal larga, se vuelve ω.

La ο seguida de una vocal corta, se vuelve ου.

La ο seguida de una combinación de vocales que contenga ι se vuelve οι (excepto en el pres. infin. act., donde –οειν se convierte en –ουν).

(δηλόω) διλῶ, manifiesto (raíz δηλο–)

VOZ ACTIVA

MODO INDICATIVO

Tiempo presente

1ª p.	(δηλόω)	διλῶ	(διλόομεν)	διλοῦμεν
2ª p.	(—όεις)	–οῖς	(—όετε)	–οῦτε
3ª p.	(—όει)	–οῖ	(—όουσι)	–οῦσι(ν)

Tiempo imperfecto

Este tiempo tiene –ου– en todas sus formas; ἐδήλουν (por ἐδήλοον), –ους, –ου, –οῦμεν, etc.

MODO IMPERATIVO

Tiempo presente

Este tiempo tiene –ου– en todas sus formas; δήλου (por δήλοε), δηλούτω, etc.

MODO SUBJUNTIVO

Tiempo presente

1ª p.	(δηλόω)	δηλῶ	(δηλόωμεν)	δηλῶμεν
2ª p.	(—όῃς)	–οῖς	(—όητε)	–ῶτε
3ª p.	(—όῃ)	–οῖ	(—όωσι)	–ῶσι(ν)

MODO OPTATIVO

Tiempo presente

Este tiempo tiene —οειν en todas sus formas, y es como φιλοίμι.

INFINITIVO

Presente

(δηλόειν) δηλοῦν

PARTICIPIO

Presente

δηλῶν, δηλοῦσα, δηλοῦν

VOCES MEDIA Y PASIVA

MODO INDICATIVO

Tiempo presente

δηλοῦμαι, –οῖ, –οῦται (el plur. tiene –ου– en todas las personas)

Tiempo imperfecto

ἐδηλούμην, etc. (–ου– en todas sus formas)

MODO IMPERATIVO

Tiempo presente

δηλοῦ, –ούσθω, etc. (–ου–, en todas sus formas)

MODO SUBJUNTIVO

Tiempo presente

δηλῶμαι, δηλοῖ, δηλῶται, etc. (–ω– en plural).

MODO OPTATIVO

Tiempo presente

δηλοίμην, etc. (–οι–, en todas sus formas)

INFINITIVO

Presente

δηλοῦσθαι

PARTICIPIO

Presente

δηλούμενος, -η, -ον

Nota: El futuro activo de los tres verbos contractos es τιμήσω, φιλήσω, δηλώσω; el perfecto es τετίμηκα, πεφίληκα, δεδήλωκα; el primer aoristo pasivo es ἐτιμήθην, ἐφιλήθην, ἐδηλώθην; y el perfecto medio y pasivo es τετίμημαι, πεφίλημαι, δεδήλωμαι.

*Ejercicio sobre los verbos contractos terminados en
–εω y en –οω.*

Traduzca los siguientes textos al castellano; después retradúzcalos al griego:

(1) Ὁ φιλῶν πατέρα ἢ μητέρα ὑπὲρ ἐμὲ οὐκ ἔστιν μου ἄξιος, καὶ ὁ φιλῶν υἱὸν ἢ θυγατέρα ὑπὲρ ἐμὲ οὐκ ἔστιν μου ἄξιος· 38 καὶ ὃς οὐ λαμβάνει τὸν σταυρὸν αὐτοῦ καὶ ἀκολουθεῖ ὀπίσω μου, οὐκ ἔστί μου ἄξιος (Mt 10.37,38) Ὁ φιλῶν es, lit., el uno amando (pres. part.), es decir, el que ama; ὑπὲρ, encima, es decir, más que; θυγατέρα, ac. de θυγάτηρ.

(2) 16 λέγει αὐτῷ πάλιν δεύτερον, Σίμων Ἰωάννου, ἀγαπᾷς με; λέγει αὐτῷ, Ναὶ κύριε, σὺ οἶδας ὅτι φιλῶ σε. λέγει αὐτῷ, Ποίμαινε τὰ πρόβατά μου. 17 λέγει αὐτῷ τὸ τρίτον, Σίμων Ἰωάννου, φιλεῖς με; ἐλυπήθη ὁ Πέτρος ὅτι εἶπεν αὐτῷ τὸ τρίτον, Φιλεῖς με; καὶ λέγει αὐτῷ, Κύριε, πάντα σὺ οἶδας, σὺ γινώσκεις ὅτι φιλῶ σε. λέγει αὐτῷ [ὁ Ἰησοῦς], Βόσκε τὰ πρόβατά μου (Jn 21.16,17). οἶδας, sabes (verbo irregular); Ποίμαινε, pres. imperat.; τὸ τρίτον, la

tercera vez; ἐλυπήθη, 3ª pers. sing., 1er. aor. pas. de λυπέω;
εἶπεν, 3ª pers. sing. de una forma irregular del 2° aor., de λέγω,
digo.

(3) ἐραυνῶντες εἰς τίνα ἢ ποῖον καιρὸν ἐδήλου τὸ ἐν
αὐτοῖς πνεῦμα Χριστοῦ προμαρτυρόμενον τὰ εἰς Χριστὸν
παθήματα καὶ τὰς μετὰ ταῦτα δόξας (1 P 1.11). ἐραυνῶντες, nom. plur. pres. part. act. de ἐραυνάω; εἰς τίνα ἢ ποῖον,
a cuál, o, qué clase de; ἐδήλου, 3ª pers. sing. imperf. indic. de
δηλόω; προμαρτυρόμενον, nom., sing., neut. pres. part. de un
verbo deponente, concuerda con πνεῦμα (neutro); μετά ταῦτα,
después de estas cosas.

(4) Κατὰ δὲ ἑορτὴν ἀπέλυεν αὐτοῖς ἕνα δέσμιον ὃν
παρῃτοῦντο (Mc 15.6). Κατὰ, a, hasta; ἀπέλυεν, 3ª pers. sing.,
imperf. indic. de ἀπολύω (el imperfecto indica aquí una costum-
bre, por lo que puede traducirse por "solía", etc.; note el aumento
al final de la preposición prefijada ἀπε-); ἕνα, uno; παρῃτοῦντο, 3ª pers. plur., imperf. indic. del verbo contracto deponente
παραιτέομαι (verbo con varios significados; aquí, pedir).

Nota: Entre los verbos contractos es importante el verbo ζάω,
vivo, que es algo irregular. El presente de indicativo es ζῶ (o
ζάω), ζῇς, ζῇ, ζῶμεν, ζῆτε, ζῶσι; el futuro es ζήσω, o ζήσο-
μαι; el 1er. aor. es ἔζησα. El participio presente ζῶν, ζῶσα, ζῶν
(gen. ζῶντος, ζώσης, ζῶντος) es muy frecuente en el Nuevo
Testamento y se lo halla en la mayoría de sus casos.

Ejercicio

*Traduzca al castellano el siguiente párrafo. Despúes, retra-
dúzcalo al griego:* ἐγώ εἰμι ὁ ἄρτος ὁ ζῶν ὁ ἐκ τοῦ οὐρανοῦ
καταβάς· ἐάν τις φάγῃ ἐκ τούτου τοῦ ἄρτου ζήσει εἰς τὸν
αἰῶνα, καὶ ὁ ἄρτος δὲ ὃν ἐγὼ δώσω ἡ σάρξ μού ἐστιν ὑπὲρ
τῆς τοῦ κόσμου ζωῆς (Jn 6.51). καταβάς, 1er. aor. partic. de
καταβαίνω, "habiendo descendido, bajado"; φάγῃ, 2° aor. subj.
del verbo irregular ἐσθίω, "como" (2° aor., ἔφαγον, formado de
otra raíz); εἰς τὸν αἰῶνα, lit., "hasta el siglo", (que significa
"para siempre", y así debe traducirse); δώσω, daré (véase más
adelante).

▪ LECCIÓN 21 ▪

VERBOS CON RAÍZ TERMINADA EN λ, μ, ν, ρ

Puesto que las consonantes λ, μ, ν, ρ se llaman consonantes líquidas, a los verbos cuyas raíces terminan en estas letras se les conoce como VERBOS LÍQUIDOS. Las terminaciones de dichos verbos son regulares en todos los casos, pero hay ciertos cambios en la penúltima sílaba o en la terminación de la raíz, como se indica a continuación:

(1) El futuro retiene la raíz verbal (que lleva una vocal corta), pero la raíz del presente, por lo general, tiene una vocal larga. En el caso de raíces terminadas en λ, esta se duplica. Originalmente el futuro terminaba en –σω, como en el verbo regular, pero se perdió la σ.

Así, la raíz del verbo αἴρω, levanto o alzo, es ἀρ-, y el futuro es ἀρῶ. La raíz de ἀποκτείνω, mato, es ἀποκτεν-, y el futuro es ἀποκτενῶ. De nuevo, la raíz de ἀγγέλλω (pronúnciese "anguelo"), anuncio, es ἀγγελ-, y el futuro es ἀγγελῶ.

Note que el futuro activo y medio de los verbos líquidos se conjuga como el presente de los verbos contractos terminados en –εω.

(2) El primer aoristo activo y medio omite la –σ– (como en el futuro), pero alarga la vocal en la sílaba precedente para compensar.

Así, el futuro de φαίνω (raíz φαν-), yo brillo, es φανῶ y 1er. aor. es ἔφηνα; ἀγγέλλω tiene como 1er aor. ἤγγειλα (note la –ει–, que es larga).

(3) En el perfecto, μ y ν no pueden ir antes de κ. Se pierde una u otra. Así tenemos κρίνω, juzgo, perfecto κέκρικα (no κέκρινκα); mientras que φαίνω tiene como perfecto πέφηνα (no πέφηνκα) y μένω tiene μεμένηκα, con la penúltima vocal alargada.

(4) En el perfecto pasivo, o la ν se cambia por σ o por μ antes de la terminación -μαι, o se pierde. Así, el perfecto pasivo de φαίνω es πέφασμαι (en lugar de πέφανμαι) y el de κρίνω es κέκριμαι (en lugar de κέκρινμαι).

Ejercicio sobre los verbos líquidos

Traduzca los siguientes pasajes al español, y vuelva a traducirlos al griego:

(1) Μετὰ δέ τινας ἡμέρας εἶπεν πρὸς Βαρναβᾶν Παῦλος, Ἐπιστρέψαντες δὴ ἐπισκεψώμεθα τοὺς ἀδελφοὺς κατὰ πόλιν πᾶσαν ἐν αἷς κατηγγείλαμεν τὸν λόγον τοῦ κυρίου πῶς ἔχουσιν (Hch 15.36). Μετὰ, después; εἶπεν, dijo (aoristo irregular de λέγω); ἐπιστρέψαντες, nom., plur., masc., 1er. aor. part. de ἐπιστρέφω, regreso (futuro -ψω), lit. "retornando" (el aoristo indica acción decisiva e inmediata); ἐπισκεψώμεθα, 1ª pers. plur., 1er. aor. subj. del verbo deponente ἐπισκέπτομαι, visito, "visitemos" (la 1ª pers. plur. del subj. pres. y el 1er. aor. se usan a menudo de manera hortativa, "vayamos, hagamos, etc."; κατά, completamente; κατηγγείλαμεν, 1ª pers. plur. 1er. aor., indic. de καταγγέλλω, predico, anuncio (note la posición del aumento η, y la combinación de la vocal larga en forma alargada a ε después de perder la σ del verbo líquido); πῶς ἔχουσιν, cómo les va (lit. "cómo ellos han", es decir, "cómo les está yendo").

(2) Πολλοὶ μὲν οὖν ἐξ αὐτῶν ἐπίστευσαν καὶ τῶν Ἑλληνίδων γυναικῶν τῶν εὐσχημόνων καὶ ἀνδρῶν οὐκ ὀλίγοι. 13 Ὡς δὲ ἔγνωσαν οἱ ἀπὸ τῆς Θεσσαλονίκης Ἰουδαῖοι ὅτι καὶ ἐν τῇ Βεροίᾳ κατηγγέλη ὑπὸ τοῦ Παύλου ὁ λόγος τοῦ θεοῦ, ἦλθον κἀκεῖ σαλεύοντες καὶ ταράσσοντες τοὺς ὄχλους. 14 εὐθέως δὲ τότε τὸν Παῦλον ἐξαπέστειλαν οἱ ἀδελφοὶ πορεύεσθαι ἕως ἐπὶ τὴν θάλασσαν, ὑπέμεινάν τε ὅ τε Σιλᾶς καὶ ὁ Τιμόθεος ἐκεῖ (Hch 17.12-14). γυναικῶν, gen. plur. de γυνή (irregular); ἔγνωσαν, 3ª pers. plur., 2° aor. de γινώσκω, conozco, sé (irregular); κατηγγέλη, 3ª pers. sing., 2° aor. pas. de καταγγέλλω, fue predicado (concordando

con su sujeto λόγος; el 1er. aor. pasivo es κατηγγέλθην, el 2°
aor. es sencillamente una forma alternada); ἦλθον, 3ª pers. plur.,
2° aor. de ἔρχομαι, vengo (véase lección 19); κἀκεῖ, por καὶ
ἐκεῖ, también aquí; ἐξαπέστειλαν, 3ª pers. plur., 1er. aor. indic.
activo de ἐξαποστέλλω, envío (note el aumento ε después de la
segunda preposición ἀπο, y la partícula larga ει antes de la λ
sencilla); πορεύεσθαι, pres. infin. de πορεύομαι (deponente);
ἕως, hasta, ἐπὶ, a, hacia; ὑπέμειναν, 3ª pers. plur., 1er. aor. de
ὑπομένω.

(3) Ὅταν δὲ νηστεύητε, μὴ γίνεσθε ὡς οἱ ὑποκριταὶ
σκυθρωποί, ἀφανίζουσιν γὰρ τὰ πρόσωπα αὐτῶν ὅπως
φανῶσιν τοῖς ἀνθρώποις νηστεύοντες· ἀμὴν λέγω ὑμῖν,
ἀπέχουσιν τὸν μισθὸν αὐτῶν. 17 σὺ δὲ νηστεύων ἄλειψαί
σου τὴν κεφαλὴν καὶ τὸ πρόσωπόν σου νίψαι, 18 ὅπως μὴ
φανῇς τοῖς ἀνθρώποις νηστεύων ἀλλὰ τῷ πατρί σου τῷ ἐν
τῷ κρυφαίῳ· καὶ ὁ πατήρ σου ὁ βλέπων ἐν τῷ κρυφαίῳ
ἀποδώσει σοι (Mt 6.16-18). νηστεύητε, pres. subj., después
del indefinido Ὅταν, cuando; γίνεσθε, 2ª pers. plur., pres.
imperat. de γίνομαι (deponente); φανῶσιν, 1er. aor. subj. de
φαίνω, aparezco (subj. de propósito después de ὅπως);
νηστεύων, part. pres.; ἄλειψαι, 2ª pers. sing., 1er. aor. imperat.
medio de ἀλείφω, úngete tú mismo; νίψαι, el verbo es νίπτω,
la forma verbal es la misma de ἄλειψαι; ἀποδώσει, recompen-
sará (ver más adelante).

SEGUNDA CONJUGACIÓN, O VERBOS
TERMINADOS EN −μι

El estudiante debe repasar detenidamente el verbo de la
primera conjugación antes de proseguir. En la mayoría de los
casos, las terminaciones de la segunda conjugación difieren de
las de la primera solo en los tiempos presente e imperfecto; en
varios verbos, también varían las terminaciones del segundo
aoristo activo y medio. Los otros tiempos son como los de la
primera conjugación, con ciertas excepciones.

Hay dos clases de verbos terminados en –μι: (I) los que duplican la raíz, y la duplicación se hace en especial mediante la vocal ι. Así, en δίδωμι, doy, la raíz δο– se duplica mediante el prefijo δι–; en τίθημι, pongo, la raíz θε– se duplica mediante τι–; en ἵστημι, coloco, estoy de pie, la raíz στα–, se aumenta en ἱ (por σι); (II) los que antes de la terminación correspondiente a la persona añaden la sílaba –νυ– o –ννυ– a la raíz. Así, en δείκνυμι, muestro, la raíz es δεικ–, y se inserta –νυ– antes de la terminación –μι; en κεράννυμι, mezclo (raíz κερα–), se inserta –ννυ–.

SEGUNDA CONJUGACIÓN, CLASE I

Hay tres formas regulares, es decir, con raíces que terminan en α-, ε-, ω-. Los siguientes paradigmas deben memorizarse, pues servirán de modelo, teniendo presentes las tres personas del singular y del plural.

ἵστημι, estoy de pie, (raíz στα–)	τίθημι, pongo (raíz θε–)	δίδωμι, doy (raíz δο–)

Nota: Los siguientes detalles sobre el significado de los tiempos de ἵστημι son importantes:

(1) El presente, imperfecto, futuro y 1er. aoristo de las voces activas son transitivos, y significan "poner", "colocar", "situar".

(2) El perfecto y el pluscuamperfecto son intransitivos y se usan en sentido de presente e imperfecto respectivamente (significan, entonces, "estoy de pie", "estaba de pie"). Esto quiere decir que no se deben traducir por "he estado de pie" o "había estado de pie". Estos dos tiempos tienen un significado continuo y, por lo tanto, deben traducirse por sus significados presente e imperfecto.

(3) El 2° aoristo también es intransitivo, y significa "estuve de pie".

VOZ ACTIVA
MODO INDICATIVO

Tiempo presente

Sing.

ἵστημι	τίθημι	δίδωμι
ἵστης	τίθης	δίδως
ἵστησι(ν)	τίθησι(ν)	δίδωσι(ν)

Plur.

ἵσταμεν	τίθεμεν	δίδομεν
ἵστατε	τίθετε	δίδοτε
ἱστᾶσι(ν)	τιθέασι(ν)	διδόασι(ν)

Tiempo imperfecto
Estaba de pie, poniendo, dando, etc.

Sing.

ἵστην	ἐτίθην	ἐδίδουν
ἵστης	ἐτίθεις	ἐδίδους
ἵστη	ἐτίθει	ἐδίδου

Plur.

ἵσταμεν	ἐτίθεμεν	ἐδίδομεν
ἵστατε	ἐτίθετε	ἐδίδοτε
ἵστασαν	ἐτίθεσαν	ἐδίδοσαν

2º aoristo

Estuve

Sing.   No tienen singular

ἔστην
ἔστης
ἔστη

Plur.

(dimos)

ἔστημεν	ἔθεμεν	ἔδομεν
ἔστητε	ἔθετε	ἔδετε
ἔστησαν	ἔθεσαν	ἔδοσαν

Nota: El lugar del singular en los *dos* últimos verbos lo toma el 1er. aoristo:, ἔθηκα, –ας, –ε y ἔδωκα, –ας, –ε.

MODO IMPERATIVO

Tiempo presente (acción continua)
Está tú de pie, pon tú, etc.

Sing.

ἵστη	τίθει	δίδου
ἱστάτω	τιθέτω	διδότω

Plur.

ἵστατε	τίθετε	δίδοτε
ἱστάτωσαν	τιθέτωσαν	διδότωσαν

2° aoristo (acción inmediata)
(el mismo significado, pero decisivo)

Sing.

στῆθι o στα*	θές	δός
στήτω	θέτω	δότω

Plur.

στῆτε	θέτε	δότε
στήτωσαν	θέτωσαν	δότωσαν

* *Nota:* στα se usa solo en verbos compuestos, como ἀνάστα (Hch 12.7; Ef 5.14).

MODO SUBJUNTIVO

Tiempo presente
Que yo esté de pie, que yo ponga, que yo dé

Sing.

ἱστῶ	τιθῶ	διδῶ
ἱστῇς	τιθῇς	διδῷς
ἱστῇ	τιθῇ	διδῷ

Plur.

ἱστῶμεν	τιθῶμεν	διδῶμεν
ἱστῆτε	τιθῆτε	διδῶτε
ἱστῶσι(ν)	τιθῶσι(ν)	διδῶσι(ν)

2° aoristo
(como el presente de cada verbo)

στῶ	θῶ	δῶ
etc.	etc.	etc.

MODO OPTATIVO

Tiempo presente
Que yo pueda estar de pie, que yo pueda poner, que yo pueda dar

Sing.

ἱσταίην	τιθείην	διδοίην
ἱσταίης	τιθείης	διδοίης
ἱσταίη	τιθείη	διδοίη

Plur.

ἱσταῖμεν	τιθεῖμεν	διδοῖμεν
ἱσταῖτε	τιθεῖτε	διδοῖτε
ἱσταῖεν	τιθεῖεν	διδοῖεν

2° aoristo
(el mismo significado, pero decisivo)

Sing.

σταίην	θείην	δοίην (δῴην)
σταίης	θείης	δοίης (δῴης)
σταίη	θείη	δοίη (δῴη)

Plur.

σταίημεν	θείημεν	δοίημεν
σταίητε	θείητε	δοίητε
σταῖεν	θεῖεν	δοῖεν

MODO INFINITIVO

estar de pie, poner, dar

Presente	ἰστάναι	τιθέναι	διδόναι
2° aor.	στῆναι	θεῖναι	δοῦναι

PARTICIPIOS

Tiempo presente
Estando de pie, poniendo, dando

ἰστάς, -ᾶσα, -άν   τιθείς, -εῖσα, -έν   διδούς, -οῦσα, -όν

2° aoristo
Estando de pie, poniendo, dando

στάς, -ᾶσα, -άν   θείς, -εῖσα, -έν   δούς, -οῦσα, -όν

Ejercicio sobre los tiempos estudiados de la voz activa de los verbos en –μι

Traduzca los siguientes textos. Luego, retradúzcalos al griego:

(1) αυητὸς δὲ ᾔδει τοὺς διαλογισμοὺς αὐτῶν, εἶπεν δὲ τῷ ἀνδρὶ τῷ ξηρὰν ἔχοντι τὴν χεῖρα, Ἔγειρε καὶ στῆθι εἰς τὸ μέσον· καὶ ἀναστὰς ἔστη (Lc 6.8). ᾔδει, sabía (véase más adelante); εἶπεν, dijo; ἔχοντι, dat. sing., masc., pres. part. de ἔχω, concordando con ἀνδρὶ (dat. de ἀνήρ); στῆθι, 2° aor. imper.; ἀναστὰς, 2° aor. part. de ἀνίστημι, levanto, habiendo levantado; ἔστη, 2° aor. indic. de ἵστημι.

(2) Βλέπετε, ἀδελφοί, μήποτε ἔσται ἔν τινι ὑμῶν καρδία πονηρὰ ἀπιστίας ἐν τῷ ἀποστῆναι ἀπὸ θεοῦ ζῶντος (Heb 3.12). Βλέπετε, 2ª pers. plur., pres. imperat.; μήποτε, a ningún tiempo; ἔσται, fut. de εἰμί; ἐν τῷ ἀποστῆναι, lit., en el apartarse de (el verbo es 2° aor. infin. de ἀφίστημι [compuesto de ἀπό e ἵστημι]; el infinitivo es un nombre verbal, y está gobernado por la preposición ἐν, que toma el dativo; por tanto, debe traducirse "para apartarse", sin traducir el artículo τῷ.

(3) οὐδὲ καίουσιν λύχνον καὶ τιθέασιν αὐτὸν ὑπὸ τὸν μόδιον ἀλλ ἐπὶ τὴν λυχνίαν, καὶ λάμπει πᾶσιν τοῖς ἐν τῇ οἰκίᾳ (Mt 5.15). τιθέασιν, véase el pres. indic. de τίθημι; πᾶσιν, dat. plur. de πᾶς (después de λάμπει, da luz a).

(4) τίς δὲ ἐξ ὑμῶν μεριμνῶν δύναται ἐπὶ τὴν ἡλικίαν αὐτοῦ προσθεῖναι πῆχυν; (Lc 12.25). μεριμνῶν, nom. sing., masc., pres. partic. de μεριμνάω, me afano; δύναται, 3ª pers. sing., pres., indic. de δύναμαι (verbo deponente); ἐπί, a, hacia; προσθεῖναι, 2° aor. infin. de προστίθημι, pongo a (πρός y τίθημι).

(5) Αἰτεῖτε καὶ δοθήσεται ὑμῖν, ζητεῖτε καὶ εὑρήσετε, κρούετε καὶ ἀνοιγήσεται ὑμῖν· 8 πᾶς γὰρ ὁ αἰτῶν λαμβάνει καὶ ὁ ζητῶν εὑρίσκει καὶ τῷ κρούοντι ἀνοιγήσεται. 9 ἢ τίς ἐστιν ἐξ ὑμῶν ἄνθρωπος, ὃν αἰτήσει ὁ υἱὸς αὐτοῦ ἄρτον, μὴ λίθον ἐπιδώσει αὐτῷ; 10 ἢ καὶ ἰχθὺν αἰτήσει, μὴ ὄφιν ἐπιδώσει αὐτῷ; 11 εἰ οὖν ὑμεῖς πονηροὶ ὄντες οἴδατε δόματα ἀγαθὰ διδόναι τοῖς τέκνοις ὑμῶν, πόσῳ μᾶλλον ὁ πατὴρ ὑμῶν ὁ ἐν τοῖς οὐρανοῖς δώσει ἀγαθὰ τοῖς αἰτοῦσιν αὐτόν (Mt 7.7-11). Αἰτεῖτε, 2ª pers. plur., pres. imperat. del verbo contracto αἰτέω; δοθήσεται, será dado

(pasivo de δίδωμι, véase más adelante); εὑρήσετε, fut. de
εὑρίσκω; ἀνοιγήσεται, fut. pas. de ἀνοίγω; πᾶς ὁ αἰτῶν, lit.,
todo el que pide (así debe traducirse); αἰτήσει, fut., lit., a quien
su hijo le pedirá un pan; μή no debe traducirse, pues sencillamente indica que se espera una respuesta negativa a la pregunta;
ἐπιδώσει, fut. de ἐπιδίδωμι; οἴδατε, sabéis (ver más adelante);
διδόναι, pres. infin.; πόσῳ, cuánto, dat. de grado, cuánto más;
αἰτοῦσιν, dat., plur., pres. partic., lit., a los que pidan.

▪ LECCIÓN 22 ▪

VOCES PASIVA Y MEDIA DE LOS VERBOS TERMINADOS EN –μι

Nota 1: El presente del indicativo de la voz pasiva del verbo ἵστημι tiene el significado de "se me hace estar de pie", "me colocan", etc. y, por tanto, denota "estoy de pie", etc. El 1er. aoristo es casi el único tiempo pasivo que se usa en el Nuevo Testamento.

MODO INDICATIVO (PASIVO Y MEDIO)

Presente
Me pongo de pie; me ponen; soy dado

Sing.

ἵσταμαι	τίθεμαι	δίδομαι
—σαι	—σαι o (τιθῇ)	—σαι
—ται	—ται	—ται

Plur.

—μεθα	—μεθα	—μεθα
—σθε	—σθε	—σθε
—νται	—νται	—νται

Imperfecto
Estaba siendo puesto de pie; siendo puesto; dando

Sing.

ἱστάμην	ἐτιθέμην	ἐδιδόμην
—σο	—σο (o ἐτίθου)	—σο (o ἐδίδου)
—το	—το	—το

Plur.

—μεθα	—μεθα	—μεθα
—σθε	—σθε	—σθε
—ντο	—ντο	—ντο

2° aoristo (solo para la voz media)

Sing.

		puse	*di*
	(Ninguno)	ἐθέμην	ἐδόμην
		ἔθου	ἔδου
		—ετο	—οτο
Plur.			
		—έμεθα	—όμεθα
		—εσθε	—οσθε
		—εντο	—οντο

MODO IMPERATIVO (PASIVO Y MEDIO)

Tiempo presente
Se puesto de pie; se puesto; se dado, o da

Sing.

ἵστασο, ο ἵστω	τίθεσο, ο τίθου	δίδοσο, ο δίδου
ἱστάσθω	τιθέσθω	διδόσθω

Plur.

ἵστασθε	τίθεσθε	δίδοσθε
ἱστάσθωσαν	τιθέσθωσαν	διδόσθωσαν

2° aoristo (solamente medio)

Sing.

		pon tú	*da tú*
	(ninguno)	θοῦ	δοῦ
		θέσθω	δόσθω
Plur.			
		θέσθε	δόσθε
		θέσθωσαν	δόσθωσαν

MODO SUBJUNTIVO (PASIVO Y MEDIO)

Que yo pueda ser puesto de pie, etc.

Sing.

ἱστῶμαι	τιθῶμαι	δισῶμαι
—ῇ	—ῇ	—ῷ
—ῆται	—ῆται	—ῶται

Plur.

—ώμεθα	—ώμεθα	—ώμεθα
—ῆσθε	—ῆσθε	—ῶσθε
—ῶνται	—ῶνται	—ῶνται

2° aoristo (medio solamente)

Sing.

(ninguno)	θῶμαι	δῶμαι
	θῇ	δῷ
	θῆται	δῶται

Plur.

	θώμεθα	δώμεθα
	θῆσθε	δῶσθε
	θῶνται	δῶνται

MODO OPTATIVO

Tiempo presente
Que yo pueda ser puesto de pie, etc.

Sing.

ἱσαίμην	τιθείμην	διοίμην
—αῖο	—εῖο	—οῖο
—αῖτο	—εῖτο	—οῖτο

Plur.

—αίμεθα	—είμεθα	—οίμεθα
—αῖσθε	—εῖσθε	—οῖσθε
—αῖντο	—εῖντο	—οῖντο

2° aoristo (solo en la voz media)

Sing.

ninguno	θείμην	δοίμην
	—θεῖο	—δοῖο
	—θεῖτο	—δοῖτο

Plur.

	—θείμεθα	—δοίμεθα
	—θεῖσθε	—δοῖσθε
	—θεῖντο	—δοῖντο

MODO INFINITIVO (PASIVO Y MEDIO)

Tiempo presente
Ser puesto de pie, estar de pie (por uno mismo), etc.

ἵστασθαι   τίθεσθαι   δίδοσθαι

2° aoristo (solo en la voz media)
Ponerse de pie uno mismo, etc.

(ninguno)   θέσθαι   δόσθαι

PARTICIPIOS (PASIVO Y MEDIO)

Siendo puesto de pie; o estando de pie por sí mismo, etc.

ἱστάμενος, -η, -ον   τιθέμενος, -η, -ον   διδόμενος, -η, -ον

2° aoristo (voz media solamente)
Habiendo sido puesto de pie, o habiéndose puesto de pie por sí mismo, etc.

(ninguno)   θέμενος, -η, -ον   δόμενος, -η, -ον

Perfecto: ἑσταμένος, τεθειμένος, δεδομένος

Ejercicio sobre los tiempos estudiados arriba: voces pasiva y
media de verbos terminados en -μι

(1) καὶ ἡ γλῶσσα πῦρ· ὁ κόσμος τῆς ἀδικίας ἡ γλῶσσα καθίσταται ἐν τοῖς μέλεσιν ἡμῶν, ἡ σπιλοῦσα ὅλον τὸ σῶμα καὶ φλογίζουσα τὸν τροχὸν τῆς γενέσεως καὶ φλογιζομένη ὑπὸ τῆς γεέννης (Stg 3.6). ἐστίν se debe sobreentender en la primera cláusula (con frecuencia se omite el verbo "ser" o "estar"); τῆς no debe traducirse, pues se trata del artículo con un nombre abstracto; καθίσταται, puesta, pres. indic. pas. de καθίστημι; σπιλοῦσα, nom., sing., fem., pres. part. de σπιλέω, lit. "la (una) que contamina"; φλογίζουσα, pres. part. pas.; ὑπό, por (toma el gen.).

(2) ἔδοξεν γὰρ τῷ πνεύματι τῷ ἁγίῳ καὶ ἡμῖν μηδὲν πλέον ἐπιτίθεσθαι ὑμῖν βάρος πλὴν τούτων τῶν ἐπάναγκες (Hch 15.28). ἔδοξεν, 3ª pers. sing. 1er. aor. de δοκέω, parece bien; de μηδὲν a βάρος *es la construcción del acusativo con el infinitivo*, lit., "ninguna carga más grande debe ponerse sobre, etc."; πλέον, ac. neut. de πλέων; ἐπιτίθεσθαι, pres. infin. pas.; βάρος, caso ac. (como βάρος es nombre neut., μηδέν es neut. para concordar); πλήν, excepto (toma el gen.); ἐπάναγκες (solo aparece aquí en el Nuevo Testamento).

(3) Διαιρέσεις δὲ χαρισμάτων εἰσίν, τὸ δὲ αὐτὸ πνεῦμα· 5 καὶ διαιρέσεις διακονιῶν εἰσιν, καὶ ὁ αὐτὸς κύριος· 6 καὶ διαιρέσεις ἐνεργημάτων εἰσίν, ὁ δὲ αὐτὸς θεός ὁ ἐνεργῶν τὰ πάντα ἐν πᾶσιν. 7 ἑκάστῳ δὲ δίδοται ἡ φανέρωσις τοῦ πνεύματος πρὸς τὸ συμφέρον. 8 ᾧ μὲν γὰρ διὰ τοῦ πνεύματος δίδοται λόγος σοφίας, ἄλλῳ δὲ λόγος γνώσεως κατὰ τὸ αὐτὸ πνεῦμα, 9 ἑτέρῳ πίστις ἐν τῷ αὐτῷ πνεύματι, ἄλλῳ δὲ χαρίσματα ἰαμάτων ἐν τῷ ἑνὶ πνεύματι, 10 ἄλλῳ δὲ ἐνεργήματα δυνάμεων, ἄλλῳ [δὲ] προφητεία, ἄλλῳ [δὲ] διακρίσεις πνευμάτων, ἑτέρῳ γένη γλωσσῶν, ἄλλῳ δε ἑρμηνεία γλωσσῶν (1 Co 12.4-10). τὸ αὐτὸ (véase lección 5); ὁ ἐνεργῶν, el (uno) que energiza (que obra en); πᾶσιν, dat. plur. masc; δίδοται, pres. pas. (pres. de acción constante, es dado); πρός, con vista a, para; συμφέρον,

ac. neut., pres. part. de συμφέρω. lit., aprovechando (es decir: "para provecho"); ᾧ, al uno (este es el significado del pronombre relativo ὅς cuando es seguido de ἄλλος, otro, en la siguiente cláusula); κατὰ, según; ἑτέρῳ, a otro; ἑνί, dat. de εἷς, "uno".

Nota: Los otros tiempos de las voces activa, pasiva y media de estas tres formas verbales de la 2ª conjugación se forman como los de la 1ª conjugación. A continuación se da la primera persona de los tiempos del modo indicativo de estos verbos; los otros modos y tiempos pueden formarse según el modelo de λύω. Los significados son regulares, excepto en el caso de ἵστημι (véase abajo). Las formas que no se dan no constan en el Nuevo Testamento.

Otros tiempos de verbos terminados en –μι

Fut. activo

στήσω	θήσω	δώσω
(haré estar de pie)	(pondré)	(daré)

1er. aor. act.

ἔστησα	ἔθηκα	ἔδωκα
(hice estar de pie)	(puse)	(di)

Perf. act.

ἔστηκα	τέθεικα	δέδωκα
(estoy de pie)	(he puesto)	(he dado)

Pluscuamperfecto

ἱστήκειν ο εἱστήκειν	_____	_____
(estaba de pie)		

		Fut. pasivo
σταθήσομαι	τεθήσομαι	δοθήσομαι
(estaré de pie)	(seré puesto)	etc.

1er. aor. pas.

ἐστάθην	ἐτέθην	ἐδόθην
(estuve de pie)	(fui puesto)	etc.

Fut. medio

στήσομαι	θήσομαι	δώσομαι
(estaré de pie)	(pondré)	etc.

Perf. medio o pas.

_____   τέθειμαι δέδομαι

Note la aspiración o espíritu fuerte en el perfecto y en el pluscuamperfecto de ἵστημι. Hay dos formas del perf. part. act.: ἑστηκώς y ἑστώς.
Note que la terminación del 1er. aor. act. de τίηθμι y δίδωμι es -κα (no -σα, como en λύω).

Ejercicio sobre los tiempos de los tres verbos
indicados arriba

Traduzca lo siguientes textos al castellano; luego, retradúzcalos al griego:

(1) εἱστήκεισαν δὲ οἱ δοῦλοι καὶ οἱ ὑπηρέται ἀνθρακιὰν πεποιηκότες, ὅτι ψῦχος ἦν, καὶ ἐθερμαίνοντο· ἦν δὲ καὶ ὁ Πέτρος μετ' αὐτῶν ἑστὼς καὶ θερμαινόμενος (Jn 18.18). εἱστήκεισαν, pluscuam., estaban de pie (no "habían estado", como en los pluscuamperfectos ordinarios); πεποιηκότες, nom., plur., masc., perf. part. act. de ποιέω, habiendo hecho; ἐθερμαίνοντο, imperf. medio, estaban calentándose; ἑστὼς, perf. part., estando.

(2) ὁ ἔχων τὴν νύμφην νυμφίος ἐστίν· ὁ δὲ φίλος τοῦ νυμφίου ὁ ἑστηκὼς καὶ ἀκούων αὐτοῦ χαρᾷ χαίρει διὰ τὴν φωνὴν τοῦ νυμφίου. αὕτη οὖν ἡ χαρὰ ἡ ἐμὴ πεπλήρωται (Jn 3.29). ὁ ἔχων, el (uno) teniendo (es decir, el que tiene); ὁ ἑστηκὼς, perf. part. con significado presente, el (uno) estando (es decir, el que está); ἀκούω toma el gen.; χαρᾷ, este dativo significa "con gozo"; διά, debido a αὕτη ἡ χαρὰ (véase lección 5, *pronombre personal*).

(3) 41 ἦν δὲ ἐν τῷ τόπῳ ὅπου ἐσταυρώθη κῆπος, καὶ ἐν τῷ κήπῳ μνημεῖον καινὸν ἐν ᾧ οὐδέπω οὐδεὶς ἦν τεθειμέ-νος· 42 ἐκεῖ οὖν διὰ τὴν παρασκευὴν τῶν Ἰουδαίων, ὅτι ἐγγὺς ἦν τὸ μνημεῖον, ἔθηκαν τὸν Ἰησοῦν (Jn 19.41-42). ἐσταυρώθη, 1er. aor. pas. de σταυρόω; οὐδέπω οὐδεὶς, lit., no aún nadie, pero debemos traducir como "ninguno aún"; en griego,

tanto como en español, dos negativos no hacen un positivo, de aquí que el οὐδέπω ("no aún") se debe traducir como "aún"; τεθειμένος, perf. part. pas.; ἔθηκαν, 3ª pers. plur., 1er. aor. indic.

(4) 31 οἱ πατέρες ἡμῶν τὸ μάννα ἔφαγον ἐν τῇ ἐρήμῳ, καθώς ἐστιν γεγραμμένον, Ἄρτον ἐκ τοῦ οὐρανοῦ ἔδωκεν αὐτοῖς φαγεῖν. 32 εἶπεν οὖν αὐτοῖς ὁ Ἰησοῦς, Ἀμὴν ἀμὴν λέγω ὑμῖν, οὐ Μωϋσῆς δέδωκεν ὑμῖν τὸν ἄρτον ἐκ τοῦ οὐρανοῦ, ἀλλ' ὁ πατήρ μου δίδωσιν ὑμῖν τὸν ἄρτον ἐκ τοῦ οὐρανοῦ τὸν ἀληθινόν· 33 ὁ γὰρ ἄρτος τοῦ θεοῦ ἐστιν ὁ καταβαίνων ἐκ τοῦ οὐρανοῦ καὶ ζωὴν διδοὺς τῷ κόσμῳ. 34 Εἶπον οὖν πρὸς αὐτόν, Κύριε, πάντοτε δὸς ἡμῖν τὸν ἄρτον τοῦτον. 35 εἶπεν αὐτοῖς ὁ Ἰησοῦς, Ἐγώ εἰμι ὁ ἄρτος τῆς ζωῆς· ὁ ἐρχόμενος πρὸς ἐμέ οὐ μὴ πεινάσῃ, καὶ ὁ πιστεύων εἰς ἐμὲ οὐ μὴ διψήσει πώποτε. 36 ἀλλ' εἶπον ὑμῖν ὅτι καὶ ἑωράκατέ [με] καὶ οὐ πιστεύετε. 37 Πᾶν ὃ δίδωσίν μοι ὁ πατὴρ πρὸς ἐμὲ ἥξει, καὶ τὸν ἐρχόμενον πρὸς ἐμὲ οὐ μὴ ἐκβάλω ἔξω, 38 ὅτι καταβέβηκα ἀπὸ τοῦ οὐρανοῦ οὐχ ἵνα ποιῶ τὸ θέλημα τὸ ἐμὸν ἀλλὰ τὸ θέλημα τοῦ πέμψαντός με. 39 τοῦτο δέ ἐστιν τὸ θέλημα τοῦ πέμψαντός με, ἵνα πᾶν ὃ δέδωκέν μοι μὴ ἀπολέσω ἐξ αὐτοῦ, ἀλλὰ ἀναστήσω αὐτὸ [ἐν] τῇ ἐσχάτῃ ἡμέρα (Jn 6.31-39). ἔφαγον, 3ª pers. plur., 2° aor. de ἐσθίω (irregular, véase más adelante); γεγραμμένον, perf. part. pas. de γράφω; note aquí los diferentes tiempos de δίδωμι (διδούς es pres. part., δός es 2° aor. imperativo); en el v. 35, ὁ ἐρχόμενος (pres. part. de ἔρχομαι) es "el que viene" (lit., el "uno" viniendo; deponente); οὐ μὴ πεινάσῃ, *este 1er. aor. subj. con οὐ μὴ es una construcción idiomática usada para expresar una negativa enfática, "de ninguna manera", etc. Aquí, de nuevo, los dos negativos refuerzan la negación; la construcción de* οὐ μὴ *con el 1er. aor. subj. es muy importante, y es un ejemplo curioso del uso del 1er. aor. con significado futuro;* οὐ μὴ διψήσει (fut. de διψάω) tiene la misma seguridad negativa, solo que ahora se usa el fut. indic., que concuerda con el significado usual de ese tiempo; εἶπον, dije (2° aor. de λέγω, irregular); ἑωράκατε, 2ª pers. plur.,

perf. indic. de ὁράω (irregular); en el v. 37 note ὅ con el acento, neut. de ὅς, el cual; ἥξει, fut. de ἥκω, vengo (verbo diferente de ἔρχομαι); οὐ μὴ ἐκβάλω, otro ejemplo de οὐ μή con el fut. (véase arriba; para ἐκβάλω véase la explicación sobre verbos líquidos, lección 21); καταβέβηκα, perf. de καταβαίνω; ποιῶ, subj. de propósito después de ἵνα; πέμψαντος, gen., sing., 1er. aor. part. de πέμπω, del (uno) que ha enviado; ἀπολέσω, 1er. aor. subj. de ἀπόλλυμι, suelto, desato, subj. de propósito después de ἵνα; εξ αὐτοῦ, de él (ἐξ por ἐκ; fuera de); ἀναστήσω, fut. de ἀνίστημι.

VERBOS ESPECIALES QUE PERTENECEN
A LA CLASE I DE LA CONJUGACIÓN EN -μι

Los siguientes verbos se conjugan como ἵστημι:

ὀνίνημι, tengo provecho. Este verbo solo aparece una vez en el Nuevo Testamento (en Flm 20, en donde ὀναίμην es 2° aor. opt. medio, tenga yo... provecho).

πίμπρημι, arder, hincharse. Este verbo aparece solo una vez en el Nuevo Testamento (Hch 28.6, en donde πίμπρασθαι es pres. infin. pas).

φημί, digo; además de esta 1ª pers., solo las siguientes formas aparecen en el Nuevo Testamento: 3ª pers. sing., φησί(ν), dice; 3ª pers. plur., φασί, dicen; 3ª pers. sing. imperf, ἔφη, decía él (muy frecuente).

Verbos deponentes:

δύναμαι, puedo, soy capaz, -σαι, -ται, etc., como en ἵσταμαι; imperat.: ἐδυνάμην o ἠδυνάμην; infin.: δύνασθαι; part.: δυνάμενος; fut.: δυνήσομαι; 1er. aor.: ἐδυνήθην (o ἠδυνήθην).

ἐπίσταμαι, sé, conozco, me siento seguro (en el Nuevo Testamento solo aparece en tiempos presentes).

κάθημαι, me siento (de sentarse); 2ª pers. sing.: κάθη (por κάθησαι); imperf.: ἐκαθήμην; imperat.: κάθου; infin.: καθῆσθαι; part.: καθήμενος.

κεῖμαι, me acuesto (este verbo y el anterior en realidad son perfectos).

ἀφίημι, *envío, dejo ir, perdono*

Este verbo está compuesto por la preposición ἀπό (de, desde) y el verbo ἵημι (envío); en el Nuevo Testamento se usa solamente compuesto con una preposición. Las formas que siguen (muchas de ellas irregulares) son las más frecuentes en el Nuevo Testamento, y debe memorizarlas.

Presente indicativo

1ª p.	ἀφίημι	ἀφίεμεν (ο -ομεν)
2ª p.	ἀφεῖς	ἀφίετε
3ª p.	ἀφίησι	ἀφιοῦσι

La 3ª pers. sing. del imperf. es ἤφιε. Note que, contrario a la regla del aumento (que, en un verbo compuesto con una preposición, el verbo en sí mismo recibe el aumento y no la preposición), aquí la preposición es la que recibe el aumento (véanse Mc 1.34; 11.16). Pres. imperat. 3ª pers. sing.: ἀφιέτω; pres. inf.: ἀφιέναι; fut. indic.: ἀφήσω (regular); 1er. aor.: ἀφῆκα; 2° aor.: imperat., 2ª pers. sing.: ἄφες; 2ª pers. plur.: ἄφετε; 2° aor. subj.: ἀφῶ, etc; 2ª aor. part.: ἀφείς, ἀφεῖσα, ἀφέν; pres. indic. pas., 3ª pers. plur.: ἀφίενται; perf.: ἀφέωνται; fut. indic. pas.: ἀφεθήσομαι (principalmente en 3ª sing.: ἀφεθήσεται); 1er. aor. pas.: ἀφέθην.

Ejercicio sobre los verbos especiales de la clase I

Traduzca los siguientes textos y retradúzcalos al griego.

(1) καὶ ὁ Κορνήλιος ἔφη, ᾿Απὸ τετάρτης ἡμέρας μέχρι ταύτης τῆς ὥρας ἤμην τὴν ἐνάτην προσευχόμενος ἐν τῷ οἴκῳ μου, καὶ ἰδοὺ ἀνὴρ ἔστη ἐνώπιόν μου ἐν ἐσθῆτι λαμπρᾷ 31 καὶ φησίν, Κορνήλιε, εἰσηκούσθη σου ἡ προσευχὴ καὶ αἱ ἐλεημοσύναι σου ἐμνήσθησαν ἐνώπιον τοῦ θεοῦ (Hch 10.30-31). ἔφη (véase bajo φημί); ᾿Απὸ, de, desde (toma el gen.); μέχρι, hasta (toma el gen.); ἤμην, forma alterna de ἦν, estaba (imperf. de εἰμί); τὴν ἐνάτην, novena (ὥραν, se sobreentiende "hora"), acusativo de tiempo, a la hora novena; προσευχόμενος, pres. part. (deponente); ἔστη (véase ἵστημι); ἐνώπιον, ante, en presencia de (toma el gen.); φησίν, (véase φημί); εἰσηκούσθη, 3ª pers. sing., 1er. aor. pas. de εἰσακούω; ἐμνήσθησαν, 3ª pers. plur., 1er. aor. pas. de μιμνήσκω.

(2) καὶ ἔρχεται εἰς οἶκον· καὶ συνέρχεται πάλιν [ὁ] ὄχλος, ὥστε μὴ δύνασθαι αὐτοὺς μηδὲ ἄρτον φαγεῖν.

21 καὶ ἀκούσαντες οἱ παρ' αὐτοῦ ἐξῆλθον κρατῆσαι αὐτόν· ἔλεγον γὰρ ὅτι ἐξέστη. 22 καὶ οἱ γραμματεῖς οἱ ἀπὸ Ἱεροσολύμων καταβάντες ἔλεγον ὅτι Βεελζεβοὺλ ἔχει καὶ ὅτι ἐν τῷ ἄρχοντι τῶν δαιμονίων ἐκβάλλει τὰ δαιμόνια. 23 καὶ προσκαλεσάμενος αὐτοὺς ἐν παραβολαῖς ἔλεγεν αὐτοῖς, Πῶς δύναται Σατανᾶς Σατανᾶν ἐκβάλλειν 24 καὶ ἐὰν βασιλεία ἐφ' ἑαυτὴν μερισθῇ, οὐ δύναται σταθῆναι ἡ βασιλεία ἐκείνη· 25 καὶ ἐὰν οἰκία ἐφ' ἑαυτὴν μερισθῇ, οὐ δυνήσεται ἡ οἰκία ἐκείνη σταθῆναι (Mc 3.20-25). Note la construcción ὥστε μὴ δύνασθαι αὐτοὺς: *a la partícula* ὥστε, así que, *le sigue un acusativo con un infinitivo para expresar resultado*; aquí αὐτούς es el sujeto acusativo de δύνασθαι (lit., a ellos ser capaces); la cláusula completa es, lit., así que no son capaces, *i.e.*, así que no fueron capaces (cf. ὥστε, etc., en Mt 8.24; 13.32, en donde ἐλθεῖν es 2° aor. infin. de ἔρχομαι); ἄρτον es el objeto de φαγεῖν, que es 2° aor. infin. de ἐσθίω (irregular). En el v. 21, οἱ παρ' αὐτοῦ, es los (unos) junto a él (traducido libremente en RVR por "los suyos"); ἀκούσαντες, 1er. aor. part., habiéndo oído; ἐξῆλθον, 3ª pers. plur. 2° aor. de ἐξέρχομαι; κρατῆσαι, 1er. aor. indic. de κρατέω, prender, apresar (decisivamente); ἐξέστη, 2° aor. indic. de ἐξίστημι, lit. "estoy fuera" y, por tanto, "estoy loco"; καταβάντες, nom., plur., masc., 2° aor. part. de καταβαίνω (verbo líquido, véase lección 21); ἔλεγον, imperf., estaban diciendo; ἐν, por; προσκαλεσάμενος, 1er. aor. part. del deponente προσκαλέομαι, me llamo a mí mismo. En el v. 24, ἐφ' se halla en lugar de ἐπί, contra; μερισθῇ, 1er. aor. subj. pas. de μερίζω; σταθῆναι, 1er. aor. infin. pas. de ἵστημι, estar de pie (no ser puesto de pie); στῆναι, 2° aor. infin. activo (el significado aquí equivale al del pasivo).

(3) Ἐὰν γὰρ ἀφῆτε τοῖς ἀνθρώποις τὰ παραπτώματα αὐτῶν, ἀφήσει καὶ ὑμῖν ὁ πατὴρ ὑμῶν ὁ οὐράνιος· 15 ἐὰν δὲ μὴ ἀφῆτε τοῖς ἀνθρώποις, οὐδὲ ὁ πατὴρ ὑμῶν ἀφήσει τὰ παραπτώματα ὑμῶν (Mt 6.14-15). ἀφῆτε, 2ª pers. plur., 2° aor. subj. de ἀφίημι (el aor. expresa condición completa y decisión); ἀφήσει, fut. indic.

SEGUNDA CLASE DE VERBOS TERMINADOS EN –μι

VERBOS EN –νυμι o –ννυμι

Nota: La mayoría de estos verbos tiene una segunda forma en el presente e imperfecto, forma que es como λύω. Así, δείκνυμι, muestro, tiene otra forma, δεικνύω, y ζώννυμι, me ciño, tiene ζωννύω. Todos los otros tiempos se forman sin el –νυ– y siguen las terminaciones del verbo regular.

δείκνυμι, muestro

Ac. indic. pres.	δείκνυμι, –νυς, –νυσι (etc., en su totalidad)
o	δεικνύω, –εις, –ει (como λύω)
Act. indic. perf.	ἐδείκνυν, –νυς, –νυ, etc.
Act. imperat. pres.	δείκνυ (o –νυε), –νύτω, etc.
Act. subj. pres.	δεικνύω, –ῃς, ῃ, etc.
Act. opt. pres.	δεικνύοιμι, etc.
Act. infin. pres.	δεικνύναι
Act. part. pres.	δεικνύς, –νῦσα, –νυν, (o –νύων, etc.)
Pas. y medio indic. pres.	ἐδείκνυμαι, etc.
Pas. y medio indic. imperf.	ἐδεικνύμην, etc.
Pas. y medio imperat.	δείκνυσο, etc.
Pas. y medio subj.	δεικνύωμαι, etc.
Pas. y medio opt.	δεικνυοίμην, etc.
Pas. y medio infin.	δείκνυσθαι, etc.
Pas. y medio part.	δεικνύμενος, etc.

Otros tiempos: act. fut. δείξω; perf. δέδειχα; pas. y medio perf. δέδειγμαι, etc.

Note que la raíz de δείκνυμι (δεικ) termina en consonante; por otro lado, la raíz de ζώννυμι (ζω-) termina en vocal. Esto determina las terminaciones del fut. y del 1er. aor., las raíces terminadas en vocal simplemente reciben una -σ-; ej. ζώσω, ἔζωσα, etc.

VERBOS COMO δείκνυμι

μίγνυμι, mezclo, 1er. aor. ἔμιξα; perf. part. pas. μεμιγμένος.

ἀπόλλυμι, destruyo, (ἀπό y ὄλλυμι, verbo sencillo que no aparece en el Nuevo Testamento); fut.: ἀπολέσω (o ἀπολῶ); 1er. aor.: ἀπώλεσα (note el aumento –ω–); perf. con significado intransitivo (perezco): ἀπολώλεκα; part.: ἀπολωλώς; pres. part. medio: ἀπολλύμενος (plur., los que perecen); fut. med.: ἀπολοῦμαι (por -έσομαι, verbo líquido); 2° aor.: ἀπωλόμην.

ὀμνύν (o ὄμνυμι), juro; 1er. aor.: ὤμοσα, 1er. aor. infin.: ὀμόσαι.

ῥήγνυμι, despedazar, romper, derribar (también ῥήσσω); fut.: ῥήξω; 1er. aor.: ἔρρηξα.

ἀμφιέννυμι, visto; perf. part.: ἠμφιεσμένον (Mt 11.8; Lc 7.25).

σβέννυμι, apago; fut.: σβέσω; fut. pas.: σβεσθήσομαι.

στρώννυμι o στρωννύω, tiendo (la cama), extiendo; 1er. aor.: ἔστρωσα; perf. part. pas.: ἐστρωμένος.

Véase el léxico para κεράννυμι, mezclo, κορέννυμι, satisfago, ῥώννυμι fortalezco.

Ejercicio sobre los verbos de 2ª clase en –μι

Traduzca al castellano los siguientes textos; después, retradúzcalos al griego.

(1) Ἄνδρες Ἰσραηλῖται, ἀκούσατε τοὺς λόγους τούτους· Ἰησοῦν τὸν Ναζωραῖον, ἄνδρα ἀποδεδειγμένον ἀπὸ τοῦ θεοῦ εἰς ὑμᾶς δυνάμεσι καὶ τέρασι καὶ σημείοις οἷς ἐποίησεν δι᾽ αὐτοῦ ὁ θεὸς ἐν μέσῳ ὑμῶν καθὼς αὐτοὶ οἴδατε (Hch 2.22). ἀκούσατε, 1er. aor. imperat.; ἀποδεδειγμένον, perf. part. pas. de ἀποδείκνυμι (véase δείκνυμι arriba); δυνάμεσι, dat. plur. de δύναμις; οἷς, note que este dativo plural es atraído al caso de los nombres dativos precedentes; la construcción gramatical estricta sería ἅ, ac. plur. como el objeto directo de ἐποίησεν ("lo que hizo"), pero ἅ se vuelve οἷς por atracción del pronombre relativo al nombre precedente.

(2) Τίς ἄνθρωπος ἐξ ὑμῶν ἔχων ἑκατὸν πρόβατα καὶ ἀπολέσας ἐξ αὐτῶν ἓν οὐ καταλείπει τὰ ἐνενήκοντα ἐννέα τῇ ἐρήμῳ καὶ πορεύετε ἐπὶ τὸ ἀπολωλὸς ἕως εὕρῃ αὐτό; (Lc 15.4). ἑκατὸν, cien, es indeclinable; ἀπολέσας, 1er. aor. part. de ἀπόλλυμι (véase arriba), habiendo perdido; ἐπὶ, después; ἀπολωλὸς, ac. sing., neut., perf. part. (véase arriba); εὕρῃ 2° aor. subj. de εὑρίσκω.

(3) Καὶ καθ' ὅσον οὐ χωρὶς ὁρκωμοσίας· οἱ μὲν γὰρ χωρὶς ὁρκωμοσίας εἰσὶν ἱερεῖς γεγονότες, 21 ὁ δὲ μετὰ ὁρκωμοσίας διὰ τοῦ λέγοντος πρὸς αὐτόν· Ὤμοσεν κύριος, καὶ οὐ μεταμεληθήσεται· Σὺ ἱερεὺς εἰς τὸν αἰῶνα (Heb 7.20,21). καθ' ὅσον, según, de acuerdo con; χωρὶς, aparte de (toma el gen.); οἱ μὲν, en verdad ellos (note este uso del artículo solo, como pronombre personal, así ὁ δὲ, pero él, en la siguiente cláusula); γεγονότες, nom. plur. masc. perf. part. de γίνομαι, llego a ser (véase más adelante) con εἰσίν, esto quiere decir "ellos han llegado a ser"; μετὰ, con; λέγοντος, gen. sing., masc., pres., part.; Ὤμοσεν, 1er. aor. de ὄμνυμι; μεταμεληθήσεται, fut. del verbo deponente μεταμέλομαι, me arrepiento.

(4) κἀκεῖνος ὑμῖν δείξει ἀνάγαιον μέγα ἐστρωμένον· ἐκεῖ ἑτοιμάσατε (Lc 22.12). δείξει (véase δείκνυμι); ἐστρωμένον, perf. part. de στρώννυμι; ἑτοιμάσατε, 2ª pers. plur., 1er. aor. imperat. de ἑτοιμάζω.

■ LECCIÓN 24 ■

VERBOS IRREGULARES Y DEFECTIVOS

(1) Algunos futuros y 1eros. aoristos irregulares

(a) Mientras los verbos terminados en –εω forman el futuro en –ήσω, los siguientes verbos lo forman en –έσω: ἀρκέω, estoy contento, me basto; ἐπαινέω, alabo (1er. aor.: ἐπήνεσα); καλέω, llamo; τελέω, termino; φορέω, llevo. Los siguientes verbos forman el fut. y el 1er. aor. en -ευ-: πνέω, soplo, 1er. aor.: ἔπνευσα. También καίω, quemo, forma καύσω, y κλαίω, lloro, forma κλαύσω.

(b) Algunos verbos en -ίζω forman el fut. en -ιῶ en lugar de formarlo en -ίσω: ἀφορίζω, separo; ἐλπίζω, espero; κομίζω, llevo. En estos, el primer aoristo toma de nuevo la -σ, p. ej. ἀφώρισα.

(c) Varios verbos activos tienen su futuro en forma media. Los siguientes son comunes y debe memorizarlos:

ἀκούω	oigo	fut.	ἀκούσομαι
ζάω	vivo	"	ζήσομαι
λαμβάνω	tomo	"	lhvmyomai
φεύγω	huyo	"	φεύξομαι
πίνω	bebo	"	πίομαι

(d) Algunos verbos líquidos en λ transponen la vocal y la λ en los siguientes tiempos de la voz pasiva: fut., 1er. aor. y perf. Por ejemplo, βάλλω, lanzo, tiro, forma el fut. pas. en βληθήσομαι; el 1er. aor. es ἐβλήθην; el perf., βέβλημαι. A su vez, καλέω, llamo, tiene κληθήσομαι, ἐκλήθην, κέκλημαι.

(2) ALGUNOS PERFECTOS Y PLUSCUAMPERFECTOS
IRREGULARES

(*a*) Algunos verbos, en vez de duplicar la consonante, como
λέλυκα, añaden la vocal ε cuando la consonante no sonaría bien;
así, el perf. pas. de ξηραίνω, seco, es ἐξήραμμαι.

(*b*) Algunos verbos tienen una doble duplicación; es decir,
duplican tanto la consonante como la vocal. Por ejemplo, el perf.
de ἀκούω, oigo, es ἀκήκοα, y el perf. de ἔρχομαι, vengo, es
ἐλήλυθα.

(*c*) Verbos que inician con θ duplican mediante la τ, y algunas
veces cambian la vocal; τρέφω, nutro, alimento, forma el perf.
en τέτροφα, y el perf. pas. en τέθραμμαι; θραύω, destrozo,
aplasto, forma el perf. pas. en τέθραυσμαι (insertando una σ,
véase Lc 4.18).

VERBOS IRREGULARES Y DEFECTIVOS

(*continuación*)

*La siguiente lista de verbos irregulares debe memorizarse.
Sólo se da la primera persona de los tiempos irregulares del
indicativo; las terminaciones de las otras personas siguen la
pauta del verbo regular. Si se memoriza bien lo siguiente, las
formas irregulares, que el lector encontrará con frecuencia en
el Nuevo Testamento, no presentarán dificultad alguna.*

*Nota: Los verbos señalados con un símbolo son los que
derivan sus formas de diferentes raíces verbales. Entonces, los
tiempos se forman de diferentes raíces verbales con un mismo
significado.*

PARTES PRINCIPALES
DE LOS VERBOS IRREGULARES

Presente	Futuro	1er Aoristo	Pefecto	2do Aoristo	1 Aoristo pasivo
ἄγω (conduzco, dirijo)	ἄξω	ἦξα		ἤγαγον	
αἱρέω (tomo)	αἱρήσω		ᾕρηκα	εἷλον	ᾑρέθην
ἀποθνήσκω (muero)	ἀποθανοῦμαι			ἀπέθανον	
ἀναβαίνω (subo)	ἀναβήσομαι		ἀναβέβηκα	ἀνέβην	
γινώσκω (sé, de saber)	γνώσομαι		ἔγνωκα	ἔγνων	ἐγνώσθην
γίνομαι (llegar a ser)	γενήσομαι		γέγονα	ἐγενόμην	ἐγενήθην
o			pasivo		
γίγνομαι			γεγένημαι		
ἐγείρω (levanto)	ἐγερῶ	ἤγειρα	ἐγήγερκα		ἠγέρθην
ἔρχομαι (vengo)	ἐλεύσομαι		ἐλήλυθα	ἦλθον	
ἐσθίω (como)	φάγομαι			ἔφαγον	
ἔχω (tengo)	ἕξω		ἔσχηκα	ἔσχον	
λαμβάνω (recibo)	λή(μ)ψομαι		εἴληφα	ἔλαβον	ἐλήφθην
			pasivo		
			εἴλημμαι		
λέγω (digo)	λέξω	ἔλεξα	pasivo	εἶπον	ἐλέχθην o
	o		λέλεγμαι		ἐρρέθην o
	ἐρῶ		εἴρηκα		ἐρρήθην
			εἴρημαι		
μανθάνω (aprendo)	μαθήσομαι		μεμάθηκα	ἔμαθον	
ὁράω (ver)	ὄψομαι		ἑώρακα	εἶδον*	ὤφθην
πάσχω (sufro)			πέπονθα	ἔπαθον	
πίπτω (caigo)	πεσοῦμαι		πέπτωκα	ἔπεσον	
τρέχω (corro)	δραμοῦμαι			ἔδραμον	
τυγχάνω (sucede)	τεύξομαι			ἔτυχον	
φέρω (cargo)	οἴσω	ἤνεγκα	ἐνήνοχα	ἤνεγκον	ἠνέχθην

* *Nota:* οἶδα, sé, es un perfecto con significado presente; está relacionado con εἶδον, vi; el pluscuamperfecto es ᾔδειν, sabía; el 2° aor. infin. es ἰδεῖν y el 2° perf. infin. es εἰδέναι.

Ejercicio sobre los verbos irregulares

Traduzca los siguientes textos. Después de corregir sus resultados,
vuelva a traducirlos al griego:

(1) τί με ἐρωτᾷς; ἐρώτησον τοὺς ἀκηκοότας τί ἐλάλησα
αὐτοῖς· ἴδε οὗτοι οἴδασιν ἃ εἶπον ἐγώ. 22 ταῦτα δὲ αὐτοῦ
εἰπόντος εἷς παρεστηκὼς τῶν ὑπηρετῶν ἔδωκεν ῥάπισμα
τῷ Ἰησοῦ εἰπών, Οὕτως ἀποκρίνῃ τῷ ἀρχιερεῖ; (Jn 18.21,
22). τί, ¿por qué?; ἐρωτᾷς, 2ª pers. sing., pres. indic. de ἐρω-
τάω; ἐρώτησον, 1er. aor. imperat.; ἀκηκοότας, ac. plur. masc.
de ἀκηκοώς, -υῖα, -ός, (gen. -οοτος), part. perf. de ἀκούω (para
la declinación del participio, véase la lección 10); τὶ, qué;
οἴδασιν, 3ª pers. plur. (véase nota al calce de la lista arriba);
εἶπον (véase λέγω arriba); note la posición enfática de ἐγώ. En
el v. 22 note αὐτοῦ εἰπόντος, *estos genitivos (es decir, un
pronombre o nombre con el participio de un verbo, cada uno en
caso genitivo) forman lo que se conoce como construcción de
genitivo absoluto; no hay manera de expresarlo literalmente en
español; el equivalente real en español es "habiendo él dicho",
que se traduce mejor como "cuando hubo dicho"; esta construcción se usa cuando la frase principal tiene un sujeto diferente
(aquí* εἷς, *uno)*; παρεστηκώς, perf. part. de παρίστημι, estoy
al lado de (uno de los alguaciles, que estaba allí); ἔδωκεν, 1er.
aor., dio; εἰπών, 2° aor. part. de λέγω, diciendo; ἀποκρίνῃ, 2ª
pers. sing., pres. indic. (toma el dativo).

(2) Μετὰ ταῦτα ἀπῆλθεν ὁ Ἰησοῦς πέραν τῆς θα-
λάσσης τῆς Γαλιλαίας τῆς Τιβεριάδος. 2 ἠκολούθει δὲ
αὐτῷ ὄχλος πολύς, ὅτι ἐθεώρουν [en ediciones anteriores de
Nestlé, ἑώρων] τὰ σημεῖα ἃ ἐποίει ἐπὶ τῶν ἀσθενούντων (Jn
6.1,2). μετά, después; ἀπῆλθεν, 2° aor. de ἀπέρχομαι (véase
la lista); ἠκολούθει, 3ª pers. sing., imperf. de ἀκολουθέω (toma
el dat.); ἑώρων, 3ª pers. plur. imperf. de ὁράω; ἐπὶ, sobre (con
gen.); ἀσθενούντων, gen. plur., part. pres. de ἀσθενέω.

(3) καὶ εὐθὺς ἀποστείλας ὁ βασιλεὺς σπεκουλάτορα
ἐπέταξεν ἐνέγκαι τὴν κεφαλὴν αὐτοῦ. καὶ ἀπελθών ἀπε-

κεφάλισεν αὐτὸν ἐν τῇ φυλακῇ καὶ ἤνεγκεν τὴν κεφαλὴν αὐτοῦ ἐπὶ πίνακι καὶ ἔδωκεν αὐτὴν τῷ κορασίῳ, καὶ τὸ κοράσιον ἔδωκεν αὐτὴν τῇ μητρὶ αὐτῆς (Mc 6.27,28). ἀποστείλας, 1er. aor. part. de ἀποστέλλω; ἐπέταξεν, 3ª pers. sing. 1er. aor. de ἐπιτάσσω; ἐνέγκαι, 1er. aor, infin. de φέρω (véase lista); ἀπελθών, 2° aor. part. de ἀπέρχομαι; ἀπεκεφάλισεν, 1er. aor. de ἀποκεφαλίζω; ἤνεγκεν (véase φέρω).

(4) καὶ ἰδοὺ εἷς τῶν μετὰ ᾽Ιησοῦ ἐκτείνας τὴν χεῖρα ἀπέσπασεν τὴν μάχαιραν αὐτοῦ καὶ πατάξας τὸν δοῦλον τοῦ ἀρχιερέως ἀφεῖλεν αὐτοῦ τὸ ὠτίον (Mt 26.51). τῶν μετὰ, de los (unos) con; ἐκτείνας, 1er. aor. part. de ἐκτείνω, habiendo extendido; ἀπέσπασεν, 1er. aor. de ἀποσπάω; πατάξας, 1er. aor. part. de πατάσσω; ἀφεῖλεν, 2° aor. de ἀφαιρέω (véase αἱρέω).

(5) ἐγὼ ἐλήλυθα ἐν τῷ ὀνόματι τοῦ πατρός μου, καὶ οὐ λαμβάνετέ με· ἐὰν ἄλλος ἔλθῃ ἐν τῷ ὀνόματι τῷ ἰδίῳ, ἐκεῖνον λήμψεσθε (Jn 5.43). ἐλήλυθα (véase ἔρχομαι, arriba); ἔλθῃ, 2° aor. subj. del mismo; τῷ ἰδίῳ, su propio; λήμψεσθε, fut. de λαμβάνω.

(6) πειρασμὸς ὑμᾶς οὐκ εἴληφεν εἰ μὴ ἀνθρώπινος· πιστὸς δὲ ὁ θεός, ὃς οὐκ ἐάσει ἡμᾶς πειρασθῆναι ὑπὲρ ὃ δύνασθε ἀλλὰ ποιήσει σὺν τῷ πειρασμῷ καὶ τὴν ἔκβασιν τοῦ δύνασθαι ὑπενεγκεῖν (1 Co 10.13). εἴληφεν, 3ª pers. sing., perf. de λαμβάνω; εἰ μὴ, excepto (lit. si no). En la siguiente frase, ἐστί se omite a propósito; ἐάσει, fut. de ἐάω; πειρασθῆναι, 1er. aor. infin. pas. de πειράζω; τοῦ δύνασθαι, *esta construcción del gen. del artículo con el infinitivo se usa para indicar propósito*, lit., (para que) el ser capaces; ὑπενεγκεῖν, 2° aor. infin, de ὑποφέρω (véase arriba).

(7) ἀπελθόντες δὲ εὗρον καθὼς εἰρήκει αὐτοῖς καὶ ἡτοίμασαν τὸ πάσχα (Lc 22.13). ἀπελθόντες, 2° aor. part. de ἀπέρχομαι, habiendo partido; εὗρον, 3ª pers. plur., 2° aor. indic. de εὑρίσκω; εἰρήκει, 3ª pers. sing., pluscuam. de λέγω, había dicho; ἡτοίμασαν, 1er. aor. indic. de ἑτοιμάζω.

VERBOS IMPERSONALES

Estos verbos se usan solo en la tercera persona y, en español, la mayoría de los casos, se sobreentiende el pronombre.

Los principales verbos impersonales son:

δεῖ, es necesario, uno debe; imperf.: ἔδει; subj.: δέῃ, infin.: δεῖν.

δοκεῖ, parece (de δοκέω).

μέλει, tener cuidado, dar cuidado, importar.

πρέπει, conviene; imperf.: ἔπρεπε; pres. part.: πρέπον, llegando a ser.

χρή, es apropiado, conviene, debe ser así (solo aparece en Stg 3.10)

Ejercicio sobre los verbos impersonales

Traduzca los siguientes textos y, luego, vuelva a traducirlos al griego:

(1) τὸ γεγεννημένον ἐκ τῆς σαρκὸς σάρξ ἐστιν, καὶ τὸ γεγεννημένον ἐκ τοῦ πνεύματος πνεῦμά ἐστιν. 7 μὴ θαυμάσῃς ὅτι εἶπόν σοι. Δεῖ ὑμᾶς γεννηθῆναι ἄνωθεν (Jn 3.6, 7). γεγεννημένον, nom. sing. neut., perf. part. pas. de γεννάω. Con el artículo τὸ, este, es, lit., la (cosa) habiendo sido nacida, es decir, lo que es nacido; θαυμάσῃς, 2ª pers. sing., 1er. aor. subj. de θαυμάζω *(este tiempo del subj. con μή se usa para expresar una orden negativa y sustituye al modo imperativo)*, no te maravilles; a Δεῖ, es necesario, le sigue un ac. con una construcción del infinitivo, ὑμᾶς (el ac.) con γεννηθῆναι, 1er. aor. infin. pas. de γεννάω (lit., vosotros a nacer); consecuentemente, la frase entera "es necesario que nazcais" debe traducirse "os es necesario nacer". Véase la misma construcción en el v. 30, "es necesario que él crezca, pero que yo mengüe" (ἐλαττοῦσθαι, contraído por −όεσθαι, es pres. infin. de ἐλαττόμαι). Véase también 4.4, en donde ἔδει es imperfecto, era necesario; διέρχεσθαι, atravesar (διά y ἔρχομαι compuestos), "le era necesario pasar por" es "necesariamente debía pasar por".

(2) δεῖ γὰρ τὸν ἐπίσκοπον ἀνέγκλητον εἶναι ὡς θεοῦ οἰκονόμον, μὴ αὐθάδη, μὴ ὀργίλον, μὴ πάροινον, μὴ πλήκτην, μὴ αἰσχροκερδῆ, 8 ἀλλὰ φιλόξενον φιλάγαθον σώφρονα δίκαιον ὅσιον ἐγκρατῆ, 9 ἀντεχόμενον τοῦ κατὰ τὴν διδαχὴν πιστοῦ λόγου, ἵνα δυνατὸς ᾖ καὶ παρακαλεῖν ἐν τῇ διδασκαλίᾳ τῇ ὑγιαινούσῃ καὶ τοὺς ἀντιλέγοντας ἐλέγχειν (Tit 1.7-9). La construcción del ac. con el infin. después de δεῖ debe estar clara ahora, y el resto del versículo puede traducirse con la ayuda del léxico; note que αὐθάδη es ac. sing. masc. de αὐθάδης, -ης, -ες, (véase ἀληθής, lección 10); ἀντεχόμενον es pres. part. del verbo deponente ἀντέχομαι (toma el gen.); καί... καί, así... como; ἀντιλέγοντας, ac. plur., pres. part.

(3) λέγει, Ναί. καὶ ἐλθόντα εἰς τὴν οἰκίαν προέφθασεν αὐτὸν ὁ Ἰησοῦς λέγων, Τί σοι δοκεῖ, Σίμων; οἱ βασιλεῖς τῆς γῆς ἀπὸ τίνων λαμβάνουσιν τέλη ἢ κῆνσον; ἀπὸ τῶν υἱῶν αὐτῶν ἢ ἀπὸ τῶν ἀλλοτρίων; (Mt 17.25). ἐλθόντα, ac. sing., 2° aor. part. de ἔρχομαι, concordando con αὐτόν, a él, Jesús primero (προέφθασεν, 1er. aor. de προφθάνω, que se traduce "le habló primero"); Τί σοι δοκεῖ, ¿qué te parece? (impersonal).

LECCIÓN 25

EL GENITIVO

(1) El genitivo se usa *(a) con varios verbos que expresan sentido o afecto mental,* p. ej. ἀκούω, oigo; γεύομαι, pruebo, saboreo; θιγγάνω, toco; ἐπιθυμέω, deseo; μνημονεύω, recuerdo; λανθάνω, olvido; *(b) con verbos que expresan acusación, condenación, etc.,* sea de la persona acusada o de la acusación misma. Véase, p. ej., ἐγκαλέω en Hch 19.40, y κατηγορέω en Jn 5.45; *(c) con verbos y adjetivos de plenitud, carencia, etc.;* p. ej. ἐμπίπλημι en Luc 1.53, γεμίζω en Jn 2.7, ὑστερέω en Ro 3.23, y λείπω en Stg 1.5; *(d) con verbos de separación, diferencia, obstáculo;* p. ej., μεθίστημι en Lc 16.4; κωλύω en Hch 27.43; παύω en 1 P 4.1; ἀπαλλοτριοῦμαι en Ef 2.12; ἀστοχέω en 1 Ti 1.6; διαφέρω en 1 Co 15.41 y en Mt 10.31, donde el significado es "ser superior"; *(e) con verbos que expresan mando, gobierno;* p. ej. ἄρχειν, etc. en Mc 10.42.

(2) Para el uso del genitivo después de adjetivos *comparativos,* véase más adelante.

(3) *Los adverbios de tiempo* toman el genitivo; ej. ὀψέ, tarde (Mt 28.1); λίαν πρωΐ, muy temprano; τῆς μιᾶς σαββάτων, modismo para "el primer día de la semana" (Mc 16.2); ἅπαξ, una vez (Heb 9.7).

(4) Las siguientes *frases genitivas* se usan en lugar de preposiciones con un nombre: νυκτός, de noche (Mt 2.14); ἡμέρας, de día (Lc 18.7); τοῦ λοιποῦ, de aquí en adelante (Gl 6.17); ποίας (ὁδοῦ), por cuál (manera) (Lc 5.19).

(5) El *genitivo objetivo* expresa el objeto de un sentimiento o acción, y debe distinguirse del genitivo subjetivo ordinario que expresa posesión. Así, προσευχῇ τοῦ θεοῦ en Lc 6.12 es "orar a Dios" (no debe traducirse el artículo); en Ro 10.2, ζῆλον θεοῦ, es "celo hacia Dios"; en 2 Co 10.5, τοῦ Χριστοῦ es "a Cristo"

(igual sucede con εἰδώλου en 1 Co 8.7); y τοῦ υἱοῦ en Gl 2.20 es "en el Hijo".

(6) El genitivo se usa para expresar *precio, castigo, equivalencia, etc.* ἀσσαρίου, en Mt 10.29, es "por un cuarto"; cf. τοσούτου, en tanto (Hch 5.8), y δηναρίου, por un denario (Ap 6.6).

(7) El *genitivo absoluto*. Con frecuencia se usa el genitivo de un nombre que concuerda con un participio en una frase subordinada sin ser dependiente de ninguna otra palabra, y el genitivo se refiere a alguna otra persona o cosa distinta del sujeto de la oración principal. Al traducirse, esta construcción se expresa de varias maneras. Por ejemplo, Mt. 17.9: καταβαινόντων αὐτῶν, es, lit., ellos descendiendo (del monte), es decir, "mientras descendían...". La frase principal tiene otro sujeto, ὁ Ἰησοῦς. A esta construcción se le llama "absoluta" por estar desligada de la oración principal. Así, en Mt 9.33, ἐκβληθέντος τοῦ δαιμονίου es "el demonio habiendo sido echado fuera" (gen. del 1er. aor. pas. de ἐκβάλλω), y la oración principal es ἐλάλησεν ὁ κωφός, el mudo habló.

Ejercicio

Traduzca los siguientes textos; luego, retradúzcalos al griego

(1) Ἐγένετο δέ μοι ὑποστρέψαντι εἰς Ἰερουσαλὴμ καὶ προσευχομένου μου ἐν τῷ ἱερῷ γενέσθαι με ἐν ἐκστάσει. 18 καὶ ἰδεῖν αὐτὸν λέγοντά μοι (Hch 22.17,18a). Ἐγένετο, aconteció; προσευχομένου μου, gen. absoluto, orando yo; γενέσθαι με, ac. con el infin., lit., yo llegar a ser, es decir, me sobrevino (o, yo caí en); así ἰδεῖν, lit., (yo) ver, es decir, que vi. Esta construcción del ac. con el infin. sigue al verbo impersonal "aconteció" (véase más adelante).

(2) ζητούντων τε αὐτὸν ἀποκτεῖναι ἀνέβη φάσις τῷ χιλιάρχῳ τῆς σπείρης ὅτι ὅλη συγχύννεται Ἰερουσαλήμ (Hch 21.31). ζητούντων es gen. absoluto con el pronombre αὐτῶν (no expresado, pero sobreentendido), lit., (ellos) procurando (matarle), es decir, como ellos procurasen matarle; ἀνέβη, 2° aor. de ἀναβαίνω; συγχύννεται es tiempo presente, pero en

español se debe traducir en pasado, estaba alborotada (para esta construcción, véase la lección 23).

(3) καὶ ὑμεῖς ὅμοιοι ἀνθρώποις προσδεχομένοις τὸν κύριον ἑαυτῶν πότε ἀναλύσῃ ἐκ τῶν γάμων, ἵνα ἐλθόντος καὶ κρούσαντος εὐθέως ἀνοίξωσιν αὐτῷ (Lc 12.36). ἐλθόντος y κρούσαντος son gen. absolutos participios que concuerdan con αὐτοῦ, comprendido. La frase es, lit., llegando él y llamando; ἀνοίξωσιν, 1er. aor. subj. de ἀνοίγω, subj. de propósito después de ἵνα.

(4) Ἀναχωρησάντων δὲ αὐτῶν ἰδοὺ ἄγγελος κυρίου φαίνεται κατ᾽ ὄναρ τῷ Ἰωσὴφ λέγων, Ἐγερθεὶς παράλαβε τὸ παιδίον καὶ τὴν μητέρα αὐτοῦ καὶ φεῦγε εἰς Αἴγυπτον καὶ ἴσθι ἐκεῖ ἕως ἂν εἴπω σοι· μέλλει γὰρ Ἡρῴδης ζητεῖν τὸ παιδίον τοῦ ἀπολέσαι αὐτό (Mt 2.13). Note la frase genitiva absoluta al comenzar (lit., habiendo ellos partido); Ἐγερθεὶς, nom. sing. masc., 1er. aor. part. pas. de ἐγείρω; παράλαβε, 2° aor. imperat. de παραλαμβάνω; εἴπω, 2° aor. subj. de λέγω, (el ἂν expresa condición indefinida, pero no debe traducirse); τοῦ ἀπολέσαι, 1er. aor. infin. de ἀπόλλυμι que, con el artículo, se usa como una frase de propósito ("para destruir"), el infin., se usa como nombre en caso genitivo (de intención, en este caso).

EL DATIVO

(1) Se usa con verbos que denotan *interacción, compañerismo, etc.* Véase el dativo después de ἀκολουθέω en Mt 9.9, después de κολλάω en Lc 15.15, y después de ὁμιλέω en Hch 24.26.

(2) El dativo denota *posesión* después de los verbos "ser", "estar", "llegar a ser". Así, en Mt 18.12, ἐὰν γένηταί τινη ἀνθρώπῳ es, lit., "si hubiere a un hombre", es decir, "si un hombre tiene".

(3) Verbos que denotan *asistencia o ayuda* toman el dativo. Véase Mt 4.11 (διηκόνουν, le ministraban; αὐτῷ, a él); veáse también Mt 15.25.

(4) También los verbos que expresan *emociones mentales* toman el dativo. Por ejemplo: ὀργίζομαι, me encolerizo (Mt 5.22); ἀρέσκω, complazco (Gl 1.10); πιστεύω, creo (Mt 21.25); πείθομαι y ὑπακούω, obedezco (Hch 5.36-37; Ro 10.16); προσκυνέω, adoro (Mt 2.2).

(5) El dativo expresa *el modo de una acción, o las circunstancias que la rodean*. Véase, p. ej., τῇ προθέσει (Hch 11.23); χάριτι (1 Co 10.30); παντὶ τρόπῳ, en toda manera (Flp 1.18); προσευχῇ, con oración (Stg 5.17).

(6) El dativo expresa *causa o motivo*. Véase, p. ej., τῇ ἀπιστίᾳ, por incredulidad, y τῇ πίστει, por fe (Ro 4.20).

(7) El dativo también expresa *instrumentalidad*. Véase, p. ej., πυρί, con fuego (Mt 3.12); ἀδικίᾳ, por toda iniquidad (Ro 1.29); χάριτι, por gracia (Ef 2.5-8); ἰδίᾳ δόξῃ καὶ ἀρετῇ, por su propia gloria y virtud (2 P 1.3); así, χράομαι, uso, toma este dativo; véase παρρησίᾳ (2 Co 3.12).

(8) El dativo se usa algunas veces para expresar *el agente*. Note αὐτῷ, por él (Lc 23.15); ὑμῖν, por vosotros (2 Co 12.20); αὐτοῖς, por ellos (Lc 24.35).

(9) El dativo expresa *la esfera en la cual existe una cualidad*. Véase τῷ πνεύματι, en espíritu (Mt 5.3); τοῖς ποσίν, de sus pies (Hch 14.8); φύσει, por naturaleza (Ef 2.3).

(10) El dativo se usa en algunas expresiones de tiempo, ya sea que se exprese un período de tiempo o un punto en el tiempo. Para una expresión de período, véase ἔτεσι, por (cerca de 450) años (Hch 13.20); para expresiones que denotan un punto en el tiempo, véase τοῖς γενεσίοις αὐτοῦ, en su cumpleaños (Mc 6.21); τῇ τρίτῃ ἡμέρᾳ, al tercer día (Mt 20.19).

EL ACUSATIVO

(1) Algunas veces, para ampliar el significado de un verbo, este toma un nombre con significado similar y que se encuentre en el caso acusativo. A esto se le conoce como *acusativo cognado*. Así, en Mt 2.10, ἐχάρησαν χαρὰν μεγάλην, es, lit., "se regocijaron un gran gozo", es decir, "se regocijaron grandemente".

En Lc 2.8, φυλάσσοντες φυλακάς, vigilando vigilias, es "guardaban las vigilias". En Col 2.19, αὔξει τὴν αὔξησιν es "con el incremento".

(2) Un acusativo, a veces, define al verbo más estrechamente; esto se llama *acusativo de definición más estrecha*. En castellano, debe traducirse con una frase preposicional. Así, en Jn 6.10, τὸν ἀριθμόν es "en número"; en Flp 1.11, καρπόν es "de fruto".

(3) Con frecuencia con el acusativo se expresan *relaciones de tiempo y espacio*, p. ej., Lc 22.41, λίθου βολήν, a un tiro de piedra; así σταδίους, en Jn 6.19; en Ap 3.3, ποίαν ὥραν, qué hora, es ac. de tiempo; véase ἔτη, años (ac., plur., neut.) en Lc 15.29.

(4) El acusativo a veces es *irregular*, y el sentido se completa con alguna frase o palabra sobreentendida. Véase, p. ej., ὁδόν en Mt 4.15; γνώστην en Hch 26.3; τὸ ἀδύνατον, la imposibilidad, en Ro 8.3.

Ejercicio

Traduzca al castellano los siguientes textos. Después, retradúzcalos al griego.

(1) Ταπεινώθητε οὖν ὑπὸ τὴν κραταιὰν χεῖρα τοῦ θεοῦ, ἵνα ὑμᾶς ὑψώσῃ ἐν καιρῷ, 7 πᾶσαν τὴν μέριμναν ὑμῶν ἐπιρίψαντες ἐπ᾽ αὐτόν, ὅτι αὐτῷ μέλει περὶ ὑμῶν. 8 Νήψατε, γρηγορήσατε. ὁ ἀντίδικος ὑμῶν διάβολος ὡς λέων ὠρυόμενος περιπατεῖ ζητῶν [τινα] καταπιεῖν· 9 ᾧ ἀντίστητε στερεοὶ τῇ πίστει εἰδότες τὰ αὐτὰ τῶν παθημάτων τῇ ἐν [τῷ] κόσμῳ ὑμῶν ἀδελφότητι ἐπιτελεῖσθαι (1 P 5.6-9). αὐτῷ μέλει, lit., él tiene cuidado (el verbo es impersonal); ἀντίστητε, 2° aor. imperat. de ἀνθίστημι, gobernando el dativo ᾧ; τὰ αὐτά... ἐπιτελεῖσθαι, ac. con el infin. después de εἰδότες, sabiendo las mismas cosas a cumplirse; τῇ . . . ἀδελφότητι, en la hermandad (véase la regla 9 bajo el dativo).

(2) πᾶσα γὰρ φύσις θηρίων τε καὶ πετεινῶν, ἑρπετῶν τε καὶ ἐναλίων δαμάζεται καὶ δεδάμασται τῇ φύσει τῇ ἀνθρωπίνῃ, 8 τὴν δὲ γλῶσσαν οὐδεὶς δαμάσαι δύναται

ἀνθρώπων, ἀκατάστατον κακόν, μεστὴ ἰοῦ θανατηφόρου. 9
ἐν αὐτῇ εὐλογοῦμεν τὸν κύριον καὶ πατέρα καὶ ἐν αὐτῇ
καταρώμεθα τοὺς ἀνθρώπους τοὺς καθ᾽ ὁμοίωσιν θεοῦ γε-
γονότας, 10 ἐκ τοῦ αὐτοῦ στόματος ἐξέρχεται εὐλογία καὶ
κατάρα. οὐ χρή, ἀδελφοί μου, ταῦτα οὕτως γίνεσθαι (Stg
3.7-10). τῇ φύσει, etc. dat. del agente (véase regla 8) por
naturaleza humana.

(3) Μὴ οὖν τις ὑμᾶς κρινέτω ἐν βρώσει καὶ ἐν πόσει ἢ
ἐν μέρει ἑορτῆς ἢ νεομηνίας ἢ σαββάτων· 17 ἅ ἐστιν σκιὰ
τῶν μελλόντων, τὸ δὲ σῶμα τοῦ Χριστοῦ. 18 μηδεὶς ὑμᾶς
καταβραβευέτω θέλων ἐν ταπεινοφροσύνῃ καὶ θρησκείᾳ
τῶν ἀγγέλων, ἃ ἑόρακεν ἐμβατεύων, εἰκῇ φυσιούμενος
ὑπὸ τοῦ νοὸς τῆς σαρκὸς αὐτοῦ, 19 καὶ οὐ κρατῶν τὴν
κεφαλήν, ἐξ οὗ πᾶν τὸ σῶμα διὰ τῶν ἀφῶν καὶ συνδέσμων
ἐ πιχορηγούμενον καὶ συμβιβαζόμενον αὔξει τὴν αὔξησιν
τοῦ θεοῦ (Col 2.16-19). κρινέτω y καταβραβευέτω son 3ª pers.
sing., pres. imperat.; ἑόρακεν, 3ª pers. sing., perf. indic. de
ὁράω.

ADJETIVOS COMPARATIVOS

Existen tres grados de comparación: el positivo, el comparativo y el superlativo. La forma regular de formar los grados comparativo y superlativo consiste en añadir -τερος y -τατος a la raíz de los adjetivos de la 2ª declinación terminados en -ος y a los de la 3ª declinación terminados en -ης.

Ejemplos

ἰσχυρός, -ά, -όν, fuerte (raíz, ἰσχυρο–); ἰσχυρότερος, -α, -ον, más fuerte; ἰσχυρότατος, -η, -ον, fortísimo.

ἀληθής, -ής, ές, verdadero (raíz, ἀληθεσ–); ἀληθέστερος, -α, -ον, más verdadero; ἀληθέστατος, -η, -ον, el más verdadero.

Nota: Cuando la penúltima vocal del adjetivo es corta, la –ο final de la raíz se alarga a -ω. Entonces, los comparativos de σοφός, sabio, son σοφώτερος, σοφώτατος. Para νέος, nuevo, tenemos νεώτερος, νεώτατος.

Los siguientes adjetivos forman sus grados de comparación de manera irregular:

Positivo	Comparativo	Superlativo
ἀγαθός, bueno	κρείσσων, (o -ττων), mejor	κράτιστος, buenísimo, óptimo, el mejor
κακός, malo	χείρων, o ἥσσων, o ἥττων, peor	χείριστος, pésimo, el peor
πολύς, mucho	πλείων, o πλέων, mucho más	πλεῖστος, muchísimo

Positivo	Comparativo	Superlativo
μικρός,	μικρότερος o	ἐλάχιστος,
pequeño	ἐλάσσων, menor,	pequeñísimo, mínimo
	más pequeño	
μέγας, grande	μείζων, mayor	μέγιστος, grandísimo,
		máximo

Nota 1: Estos comparativos terminados en -ων se declinan como σώφρων (ac. -ονα, gen. -ονος, etc.; véase la lección 10). μείζων, además del acus. sing. normal (μείζονα), tiene un ac. sing. alterno, μείζω, y formas alternas para el nom. y el ac. plur. masc. y fem.: μείζους (en lugar de μείζονες y -ονας), neut. μείζω (en lugar de μείζονα).

Nota 2: A los adjetivos y a los adverbios en grado comparativo les siguen, o bien *(a)* la partícula comparativa ἤ, que, más un nombre o un pronombre en el mismo caso que el nombre o pronombre con el que el adjetivo concuerda; o bien *(b)* sencillamente el nombre o pronombre en caso genitivo, sin la partícula comparativa ἤ.

Para ejemplificar (a), tomemos Jn 3.19: μᾶλλον τὸ σκότος ἤ τὸ φῶς, más las tinieblas que la luz.

Ilustraremos (b) con Jn 1.50: μείζω (cosas más grandes, neut. plur. en lugar de μείζονα) τούτων (que estas, gen. de comparación) ὄψῃ (verás, fut. de ὁράω).

Ejercicio sobre la comparación de adjetivos

Traduzca los textos al español, y luego retradúzcalos al griego
(1) ἐγὼ δὲ ἔχω τὴν μαρτυρίαν μείζω τοῦ Ἰωάννου· τὰ γὰρ ἔργα ἃ δέδωκέν μοι ὁ πατὴρ ἵνα τελειώσω αὐτά, αὐτὰ τὰ ἔργα ἃ ποιῶ μαρτυρεῖ περὶ ἐμοῦ ὅτι ὁ πατήρ με ἀπέσταλκεν· (Jn 5.36). μείζω, ac. sing. fem.; τελειώσω, 1er. aor. subj. después de ἵνα; μαρτυρεῖ, sing. después de un sujeto neut. plur.; αὐτὰ τὰ ἔργα, las mismas obras; ἀπέσταλκεν, perf. de ἀποστέλλω.

(2) αὐτοῖς δὲ τοῖς κλητοῖς, Ἰουδαίοις τε καὶ Ἕλλησιν, Χριστὸν θεοῦ δύναμιν καὶ θεοῦ σοφίαν (1 Co 1.24).

(3) Καὶ ἔλεγεν, Πῶς ὁμοιώσωμεν τὴν βασιλείαν τοῦ θεοῦ ἢ ἐν τίνι αὐτὴν παραβολῇ θῶμεν; 31 ὡς κόκκῳ σινάπεως, ὃς ὅταν σπαρῇ ἐπὶ τῆς γῆς, μικρότερον ὂν πάντων τῶν σπερμάτων τῶν ἐπὶ τῆς γῆς, 32 καὶ ὅταν σπαρῇ, ἀναβαίνει καὶ γίνεται μεῖζον πάντων τῶν λαχάνων καὶ ποιεῖ κλάδους μεγάλους, ὥστε δύνασθαι ὑπὸ τὴν σκιὰν αὐτοῦ τὰ πετεινὰ τοῦ οὐρανοῦ κατασκηνοῦν (Mc 4.30-32). ὁμοιώσωμεν, 1er. aor. subj. (subjuntivo deliberativo, a qué asemejaremos); θῶμεν, 2° aor. subj. de τίθημι; σπαρῇ, 3ª pers. sing., 1er. aor. subj. pas. de σπείρω, siembro (verbo líquido; véase lección 21); ὄν, nom. sing. neut., part. pres. de εἰμί, ser, estar; ὥστε δύνασθαι... τὰ πετεινὰ, *ac. con infin. después de* ὥστε, *así que, expresa resultado*, lit., de modo que las aves puedan, de tal manera que las aves pueden; κατασκηνοῦν, pres. infin.

(4) τοσούτῳ κρείττων γενόμενος τῶν ἀγγέλων ὅσῳ διαφορώτερον παρ᾽ αὐτοὺς κεκληρονόμηκεν ὄνομα (Heb 1.4). τοσούτῳ, por tanto más, tanto más (dat. de comparación); γενόμενος, 2° aor. part. de γίνομαι; ὅσῳ, por cuanto más παρ᾽ αὐτούς, comparado con ellos, que ellos.

(5) τότε πορεύεται καὶ παραλαμβάνει μεθ᾽ ἑαυτοῦ ἑπτὰ ἕτερα πνεύματα πονηρότερα ἑαυτοῦ καὶ εἰσελθόντα κατοικεῖ ἐκεῖ· καὶ γίνεται τὰ ἔσχατα τοῦ ἀνθρώπου ἐκείνου χείρονα τῶν πρώτων. οὕτως ἔσται καὶ τῇ γενεᾷ ταύτῃ τῇ πονηρᾷ (Mt 12.45). εἰσελθόντα, nom. plur. neut. 2° aor. part. de εἰσέρχομαι, habiendo entrado (note el verbo que sigue, que está en sing.); τὰ ἔσχατα, las últimas cosas, es decir, el último estado; con este concuerda el plur. neut. χείρονα.

LECCIÓN 27

ADVERBIOS

Los adverbios se forman cambiando la ν del gen. masc. plur. de los adjetivos por una ς. De esta forma, tenemos que el gen. plur. de ἀληθής, verdadero, es ἀληθῶν; por tanto, el adverbio es ἀληθῶς, verdaderamente.

El grado comparativo del adverbio se forma a partir del neut. sing. del adjetivo correspondiente. Para formar el superlativo del adverbio, se toma el neut. pl. del adjetivo respectivo.

Así, ταχέως es "rápidamente"; τάχιον, más rápidamente; τάχιστα, lo más rápidamente (Hch 17.15). Note ὡς con el superlativo es un modismo: ὡς τάχιστα es "lo más rápido posible", (lit., como más rápidamente).

El adverbio comparativo περισσοτέρως, más abundantemente, se forma igual que el grado positivo, no mediante el neut. sing. (2 Co 11.23).

Note que el adverbio ὄντως, verdaderamente, se forma del pres. part. de εἰμί.

Los siguientes comparativos irregulares deben memorizarse:

Positivo	Comparativo	Superlativo
εὖ, bien	βέλτιον o κρεῖσσον, mejor	
καλῶς, bien, buen	κάλλιον, mejor	
κακῶς, malamente, malo	ἧσσον (o -ττον), peor	
πολύ, mucho	μᾶλλον, mucho más	μάλιστα, sobre todo
	πλεῖον o πλέον, mucho más	

Las formas que se omiten arriba no aparecen en el Nuevo Testamento.

Ejercicio sobre adverbios

Traduzca los siguientes textos. Después, retradúzcalos al griego

(1) Διὰ τοῦτο δεῖ περισσοτέρως προσέχειν ἡμᾶς τοῖς ἀκουσθεῖσιν, μήποτε παραρυῶμεν (Heb 2.1). δεῖ, impersonal, "es necesario", seguido del ac. con el infin. προσέχειν ἡμᾶς, lit., a nosotros prestar atención, es decir, que prestemos atención, περισσοτέρως más abundantemente, es decir, más fervorosametne; ἀκουσθεῖσιν, dat. plur. neut., 1er. aor. part. pas., a las (cosas) habiendo sido oídas.

(2) δῴη αὐτῷ ὁ κύριος εὑρεῖν ἔλεος παρὰ κυρίου ἐν ἐκείνῃ τῇ ἡμέρᾳ. καὶ ὅσα ἐν Ἐφέσῳ διηκόνησεν, βέλτιον σὺ γινώσκεις (2 Ti 1.18). δῴη, 3ª pers. sing., 2° aor. subj. de δίδωμι, subj. de un deseo, que él dé; εὑρεῖν, 2° aor. infin. de εὑρίσκω; βέλτιον, lit., mejor, (aquí es un comparativo equivalente al superlativo, muy bien).

(3) ἔτρεχον δὲ οἱ δύο ὁμοῦ· καὶ ὁ ἄλλος μαθητὴς προέδραμεν τάχιον τοῦ Πέτρου καὶ ἦλθεν πρῶτος εἰς τὸ μνημεῖον (Jn 20.4). ἔτρεχον, imperf.; προέδραμεν, 2° aor. de προτρέχω, corro delante.

(4) Καὶ διὰ τοῦτο καὶ ἡμεῖς εὐχαριστοῦμεν τῷ θεῷ ἀδιαλείπτως, ὅτι παραλαβόντες λόγον ἀκοῆς παρ᾽ ἡμῶν τοῦ θεοῦ ἐδέξασθε οὐ λόγον ἀνθρώπων ἀλλά καθώς ἐστιν ἀληθῶς λόγον θεοῦ, ὃς καὶ ἐνεργεῖται ἐν ὑμῖν τοῖς πιστεύουσιν (1 Ts 2.13). παραλαβόντες, 2° aor. part. de παραλαμβάνο; ἐδέξασθε, 1er. aor. de δέχομαι.

Nota a los estudiantes: A continuación puede estudiar la lección "Algunas reglas adicionales de sintaxis", posponiendo las lecciones intermedias.

▪ LECCIÓN 28 ▪

El significado especial de los casos en los nombres, etc., se recalcó en la lección 2. Esas relaciones (que allí se indicaron a grandes rasgos) y muchas otras, también se expresan mediante preposiciones. Así, mientras el acusativo en sí significa, principalmente, movimiento hacia, esa misma relación también puede expresarse mediante una proposición como πρός y poniendo el nombre que sigue en acusativo. Por otro lado, el caso genitivo expresa, entre otras cosas, movimiento desde, y esto puede denotarse también mediante ἀπό y poniendo el nombre que sigue a la preposición en caso genitivo. El dativo puede significar reposo en un lugar, instrumento de una acción, etc., y cada uno de estos significados puede expresarse, p. ej., mediante ἐν con un dativo en nombre; un ejemplo útil de ἐν usado de esta manera es ἐν μαχαίρᾳ, con una espada (Lc 22.49).

Algunas veces el uso de una preposición es puramente enfático. El caso del nombre por sí mismo habría expresado ese mismo significado, pero con menos fuerza. Empero, por lo general, la preposición denota una relación que el nombre por sí solo no podría indicar.

Algunas preposiciones gobiernan solo un caso; otras gobiernan dos casos con diferentes significados; unas pocas se usan con tres casos, y el significado difiere en cada uno de ellos.

La misma preposición puede tener muchos significados. Por tanto, el sentido real debe determinarse mayormente por el contexto.

Ciertas preposiciones están muy ligadas en algunos de sus significados. Expresan más o menos la misma relación, pero desde puntos de vistadiferentes. En español, p. ej., usamos la preposición "por" para indicar diferentes aspectos o características de una misma transacción. Cuando decimos que algo es hecho por una persona, podemos querer decir que la persona es la que lo hace, o también que la acción es hecha a favor de ella. En griego es especialmente importante observar esas distinciones o diferencias de matiz.

Es importante que el estudiante se familiarice por completo con todas las preposiciones. La lista debe aprenderse de memoria.

(a) PREPOSICIONES QUE GOBIERNAN UN SOLO CASO

(1) *Las que se usan solo con el acusativo*
ἀνά y εἰς

ἀνὰ, arriba. Esta preposición con frecuencia se usa compuesta con verbos. Cuando se usa como una palabra sola junto a un nombre tiene un significado especial, como ἀνὰ μέσον, en medio de (Mc 7.31; Ap 7.17); ἀνὰ μέρος, por turno, a su vez (1 Co 14.27); con numerales, ἀνὰ δύο, de dos en dos (Lc 10.1); cuando se usa con medidas, significa "por cabeza, cada uno", ἀνὰ δηνάριον, cada uno un denario (Mt 20.9, 10); ἀνὰ με- τρητάς, en cada una de las cuales (Jn 2.6); en Ap 21.21 ἀνὰ εἰς ἕκαστος es "cada uno separadamente".

εἰς, a, hacia, en. Se usa para *(a)* referirse a lugares, y el significado propio se obtiene del contexto; *(b)* referirse a perso- nas, "hacia" o "con referencia a", como en Ro 12.16; Hch 2.25, o "contra" como en Lc 12.10; εἰς Χριστόν es "en Cristo" (Ro 6.3); *(c)* "a propósito", "con miras a", "para", "por"; εἰς τὸ σταυρωθῆναι, lit., "al para ser crucificado", es decir, "para ser crucificados" (Mt 26.2); cf. 1 Co 11.24; *(d)* para expresar equi- valencia (Ro 4.3); *(e)* con el significado de ἐν, p. ej. εἰς τὸν ἀγρόν, en el campo (Mc 13.16), cf. Hch 8.40; 21.13.

(2) *Preposiciones que se usan solo con el genitivo*
ἀντί, ἀπό, ἐκ, πρό

ἀντί, contra, en lugar de, por; la idea es la de un equivalente, a menudo con el sentido de oposición. Note la frase ἀνθ' ὧν, lit., a cambio de cuales cosas, es decir, por cuanto, Lc 1.20; 12.3; 19.44; 2 Ts 2.10.

ἀπό, de, desde (el exterior); algunas veces equivale a "debido a" o "por quien", como en Mt 18.7

Note su uso en frases con adverbios: ἀπό τότε, desde entonces (Mt 4.17); ἀπ᾽ ἄρτι, desde ahora (Mt 23.39); ἀπὸ τοῦ νῦν, desde ahora (Lc 1.48, etc.), y otras.

ἐκ o ἐξ, de, desde (el interior); esta preposición expresa lugar, origen, fuente, causa. Note el uso que expresa pertenencia a una clase, p. ej. ὁ ὢν ἐκ τῆς ἀληθείας, el que es de la verdad, cf. Ro 2.8; 4.12-14; Gl 3.9. También se usa para hacer referencias de tiempo, p. ej. ἐκ τούτου, desde entonces (Jn 6.66); ἐξ ἐτῶν ὀκτώ, hacía ocho años (Hch 9.33).

πρό, antes, usada en referencias de tiempo o lugar; en la frase πρὸ πάντων, antes de todo, es una referencia de superioridad.

(3) *Preposiciones que se usan solo con el dativo* ἐν y σύν

ἐν, en, indica tiempo o lugar. Al igual que ἐκ, esta preposición puede usarse para denotar "en", o "sobre", como ἐν τῷ θρόνῳ μου (Ap 3.21); cf. Heb 1.3. En Mt 2.6, Hch 2.29 y 1 P 5.1-2 significa "entre"; igual sucede cuando se emplea con números, p. ej. ἐν δέκα χιλιάσιν, entre diez mil.

Se usa también para denotar *acompañamiento*, o incluso *instrumentalidad*, como en 1 Ti 1.18; Heb 9.25; Ef 6.2; Lc 22.49; Mt 5.34; 9.34.

Note su uso adverbial con un nombre, p. ej. ἐν τάχει, rápidamente, que deben suceder pronto (Ap 1.1).

La preposición ἐν también puede usarse cuando el infinitivo funciona como un nombre; en dichos casos significa "mientras". Así sucede en Mt 13.4, ἐν τῷ σπείρειν αὐτόν, lit., en el que sembraba, es decir, mientras sembraba (ac. con infin.; el artículo abarca a ambos, y todos son gobernados por la preposición). Con pronombres relativos, ἐν denota "mientras" (véase ᾧ, en Mc 2.19); así ἐν οἷς en Lc 12.1 es "en esto".

σύν, junto con, con, en compañía de. Ocasionalmente denota "además". Así, en Lc 24.21, ἀλλά γε καὶ (lit., "pero en verdad también", es decir, "además") σὺν πᾶσιν τούτοις, además de todo eso (lit. "estas cosas").

Ejercicio

Traduzca los siguientes textos al castellano, y luego retradúzcalos al griego

(1) καὶ αὐτὸ τοῦτο δὲ σπουδὴν πᾶσαν παρεισενέγκαντες ἐπιχορηγήσατε ἐν τῇ πίστει ὑμῶν τὴν ἀρετίν, ἐν δὲ τῇ ἀρετῇ τὴν γνῶσιν, 6 ἐν δὲ τῇ γνώσει τὴν ἐγκράτειαν, ἐν δὲ τῇ ἐγκρατείᾳ τὴν ὑπομονήν, ἐν δὲ τῇ ὑπομονῇ τὴν εὐσέβειαν, 7 ἐν δὲ τῇ εὐσεβείᾳ τὴν φιλαδελφίαν, ἐν δὲ τῇ φιλαδελφίᾳ τὴν αγάπην. 8 ταῦτα γὰρ ὑμῖν ὑπάρχοντα καὶ πλεονάζοντα οὐκ ἀργοὺς οὐδὲ ἀκάρπους καθίστησιν εἰς τὴν τοῦ κυρίου ἡμῶν Ἰησοῦ Χριστοῦ ἐπίγνωσιν (2 P 1.5-8). αὐτὸ τοῦτο, lit., en sí mismo esto; esta frase es un ac. adverbial y debe traducirse "por esta misma (causa)"; παρεισενέγκαντες, nom. plur., 1er. aor. part. de παρεισφέρω (véase φέρω en la lista de verbos irregulares, lección 24); καθίστησιν, note esta 3ª pers. sing. después del sujeto neut. plur. ταῦτα.

(2) Εὐλογητὸς ὁ θεὸς καὶ πατὴρ τοῦ κυρίου ἡμῶν Ἰησοῦ Χριστοῦ, ὁ εὐλογήσας ἡμᾶς ἐν πάσῃ εὐλογίᾳ πνευματικῇ ἐν τοῖς ἐπουρανίοις ἐν Χριστῷ, 4 καθὼς ἐξελέξατο ἡμᾶς ἐν αὐτῷ πρὸ καταβολῆς κόσμου εἶναι ἡμᾶς ἁγίους καὶ ἀμώμους κατενώπιον αὐτοῦ ἐν ἀγάπῃ, 5 προορίσας ἡμᾶς εἰς υἱοθεσίαν διὰ Ἰησοῦ Χριστοῦ εἰς αὐτόν, κατὰ τὴν εὐδοκίαν τοῦ θελήματος αὐτοῦ, 6 εἰς ἔπαινον δόξης τῆς χάριτος αὐτοῦ ἧς ἐχαρίτωσεν ἡμᾶς ἐν τῷ ἠγαπημένῳ. 7 ἐν ᾧ ἔχομεν τὴν ἀπολύτρωσιν διὰ τοῦ αἵματος αὐτοῦ, τὴν ἄφεσιν τῶν παραπτωμάτων, κατὰ τὸ πλοῦτος τῆς χάριτος αὐτοῦ 8 ἧς ἐπερίσσευσεν εἰς ἡμᾶς, ἐν πάσῃ σοφίᾳ καὶ φρονήσει (Ef 1.3-8). ἐξελέξατο, 1er. aor. medio de ἐκλέγω; en el v. 6, ἧς es un ejemplo de atracción del ac., como objeto del verbo que sigue, al gen. de la palabra χάριτος; no debemos traducir "de la cual", sino "que"; "hizo sobreabundar", en griego, es una sola palabra.

PREPOSICIONES QUE SE USAN CON LOS CASOS
ACUSATIVO Y GENITIVO

διά, κατά, μετά, περί, ὑπέρ, ὑπό

Cuando διά se usa con el acusativo significa "debido a", "en razón de".

Cuando διά acompaña al genitivo tiene tres significados principales:

(1) *de lugar:* significa "a través" (Jn 4.4; 1 Co 13.12).

(2) *de instrumento:* en estos casos puede traducirse "por medio de", "a través de" (2 Ts 2.2).

(3) *de tiempo:* denota *(a)* "durante" (Heb 2.15; διὰ νυκτός es "de noche" (i.e., durante, sin referencia a un tiempo en particular), Hch 5.19; *(b)* "después" (Mt 26.61).

Cuando κατά acompaña al acusativo hace referencia a:

(1) *lugar,* ya sea *(a)* "por todo, toda" (Lc 8.39), *(b)* "ante, en presencia de" (Lc 2.31), o *(c)* distributivamente, p. ej. διώδευεν ("iba pasando"; imperf. de διοδεύω), κατὰ πόλιν, de ciudad en ciudad (Lc 8.1).

(2) *tiempo:* *(a)* "en" o "a" (Mt 1.20), *(b)* distributivamente, κατ᾽ ἔτος, año tras año (Lv 2.41); καθ᾽ ἡμέραν, diariamente (Mt 26.55); καθ᾽ εἷς (ο καθεῖς), uno por uno (Jn 8.9).

(3) *comparación,* "según", "conforme a". Note κατὰ πίστιν, conforme a la fe (Heb 11.13); también se usa en los modismos κατ᾽ ἰδίαν, apartado (Mt 14,13), καθ᾽ ἑαυτόν, aparte (Hch 28.16).

κατά con el genitivo significa, *(a)* "abajo" (Mt 8.32) o *(b)* "contra" (Mc 11.25), o *(c)* "total", "por todo" (Lc 4.14).

Cuando μετά acompaña al acusativo significa "después" (Mt 26.2); en Lc 22.20, μετὰ τὸ δειπνῆσαι es "después de la cena" (el verbo en el aor. infin. equivale al nombre).

Cuando μετά va con el genitivo significa "con" (Mt 1.23).

περί con el acusativo se refiere a (1) *lugar*, "alrededor" (Mt 8.18); (2) *tiempo*, "como a" (Mt 20.3); (3) *un objeto del pensamiento*, "acerca de" (Lc 10.40), o "con referencia a" (1 Ti 1.19).

Cuando περί va con el genitivo significa "acerca de" o "concerniente a" (Hch 8.12), algunas veces casi como ὑπέρ, por (Ro 8.2; 1 Ts 5.25).

ὑπέρ con el acusativo significa "sobre", "encima" y se usa en comparaciones (Mt 10.24); note el uso después de un adjetivo comparativo por cuestión de énfasis en donde el significado es "más ... que" (Lc 16.8; Heb 4.12).

ὑπέρ con el genitivo significa "por causa de," "por" (1 Co 15.3; 2 Cor 5.14-15).

Con el acusativo, ὑπό significa "bajo", "debajo de" (Mt 5.15); note la frase en Hch 5.21: ὑπὸ τὸν ὄρθρον, bajo (es decir, cerca de) la aurora, es decir, muy temprano en la mañana.

ὑπό con el genitivo significa "por" (Mt 4.1).

PREPOSICIONES QUE SE USAN CON EL GENITIVO,
EL ACUSATIVO Y EL DATIVO

ἐπί, παρά, πρός

Cuando ἐπί se usa con el acusativo tiene los siguientes significados:

(1) *lugar*, "sobre", "en" con la idea de movimiento (Mt 5.15); note el uso después del verbo "esperar" (cf. 1 Ti 5.5; y 4.10, en donde la preposición se usa con el dativo, siendo un "en" de descanso, no de movimiento; véase más abajo).

(2) *autoridad*, "sobre" (Lc 1.33).

(3) *intención*, "por" o "contra" (Mt 3.7; 26.55).

(4) *dirección*, "hacia", "respecto de" (Lc 6.35; Mc 9.12).

(5) *cantidad*, "hasta"; p. ej. ἐπὶ πλεῖον, más, es decir, no se divulgue más (Hch 4.17). Note la frase ἐφ᾽ ὅσον, en tanto, también usada como referencia de tiempo, "en tanto que" (Mt 9.15).

(6) *tiempo*, "durante", "por" (Lc 10.35; 18.4). Note la frase ἐπὶ τὸ αὐτό, en el mismo lugar, o al mismo tiempo, es decir, juntos (Lc 17.35; Hch 2.1, etc.).

ἐπί con el genitivo tiene los siguientes significados:

(1) *lugar*, "en" (Mt 6.10); se usa de esta manera, pero figuradamente (Jn 6.2). También significa "antes" (1 Ti 5.19), o "con base en", p. ej. ἐπ᾽ ἀληθείας, en verdad (Mc 12.14); cf. 2 Co 13.1.

(2) *autoridad*, "sobre" (Hch 6.3).

(3) *tiempo*, "en tiempo de" (Lc 3.2; Ro 1.10; Heb 1.2).

Cuando ἐπί se usa con el dativo tiene los siguientes significados:

(1) *lugar*, "en" con el resto sobreentendido (Lc 21.6).

(2) *superintendencia*, "sobre" (Lc 12.44).

(3) *condición, base, etc.*, "en" o "a" (Mt 4.4; Mc 9.37; Hch 11.19). Note la frase ἐφ᾽ ᾧ, a condición de que, por cuanto, debido a, porque (Ro 5.1,2, etc.).

(4) *cantidad*, "además", "en adición a" (Lc 3.20).

παρά, con el acusativo, tiene los siguientes significados:

(1) *lugar*, "por", "cerca a" (Mt 13.4; Hch 10.6).

(2) *distinción*, "contrario a", "antes que" (Ro 1.25-26; 4.18).

(3) *comparación*, "sobre", "más que" (Lc 13.2; Heb 9.23).

Note la frase, παρὰ τοῦτο, por tanto, en 1 Co 12.15-16, en donde la idea es mostrar una consecuencia mediante una comparación.

Cuando παρά se usa con el genitivo significa "de", "desde" (en sentido de cercanía y procedencia); también se usa respecto de personas (Mt 2.4; Jn 16.27). Note la frase οἱ παρ᾽ αὐτοῦ, lit., los de él, es decir, los suyos, sus amigos.

παρά con el dativo significa "con", ya sea de *proximidad*, como en Jn 14.17; 19.25; Hch 10.6; o de *estimación* o *capacidad*, como en Mt 19.26; Ro 2.13. Preste atención a la frase παρ᾿ ἑαυτοῖς, lit., con vosotros mismos, es decir, en vuestros propios pensamientos.

Cuando πρός se usa con el acusativo tiene los siguientes significados:

(1) *dirección*, "a", "hacia" (1 Co 13.12); δεῦτε πρός με es "a mí" (Mt 11.28).

(2) *compañía* (en sentido de una actitud hacia) "con" (Jn 1.1; Mt 13.56).

(3) *dirección mental*, bien sea "hacia" o "contra" (Lc 23.12; Hch 6.1). Note el significado "respecto de", "sobre" en Heb 1.7.

(4) *estimación*, "en consideración de" (Mt 19.8; Lc 12.47; Ro 8.18).

(5) *propósito*, "por", "para", "a fin de" (Mt 6.1; 1 Co 10.11).

πρός con el genitivo ocurre solo una vez en el Nuevo Testamento, en Hch 27.34, en donde la idea es "pertenecer a" o "por", "para".

πρός con el dativo significa "cerca", "en" o "acerca de" (Lc 19.37; Jn 20.12).

Ejercicio

Traduzca al castellano los siguientes textos, y vuelva a traducirlos al griego

(1) οὐ γὰρ εἰς χειροποίητα εἰσῆλθεν ἅγια Χριστός, ἀντίτυπα τῶν ἀληθινῶν, ἀλλ᾿ εἰς αὐτὸν τὸν αὐρανόν, νῦν ἐμφανισθῆναι τῷ προσώπῳ τοῦ θεοῦ ὑπὲρ ἡμῶν· 25οὐδ᾿ ἵνα πολλάκις προσφέρῃ ἑαυτόν, ὥσπερ ὁ ἀρχιερεὺς εἰσέρχεται εἰς τὰ ἅγια κατ᾿ ἐνιαυτὸν ἐν αἵματι ἀλλοτρίῳ, 26 ἐπεὶ ἔδει αὐτὸν πολλάκις παθεῖν ἀπὸ καταβολῆς κόσμου· νυνὶ δὲ ἅπαξ ἐπὶ συντελείᾳ. τῶν αἰώνων εἰς ἀθέτησιν [τῆς] ἁμαρτίας διὰ τῆς θυσίας αὐτοῦ πεφανέρωται. 27 καὶ καθ᾿ ὅσον ἀπόκειται τοῖς ἀνθρώποις ἅπαξ ἀποθανεῖν,

μετὰ δὲ τοῦτο κρίσις (Heb 9.24-27). Preste atención a κατ᾽ ἐνιαυτὸν, año tras año (v. 25); en el v. 26 note el ac. con el infin. αὐτὸν ... παθεῖν (de πάσχω), después del impersonal ἔδει, le hubiera sido necesario sufrir; en el v. 27 καθ᾽ ὅσον es "como" (lit., de acuerdo a cuanto).

(2) καὶ ἐπὶ τὴν αὔριον ἐκβαλὼν ἔδωκεν δύο δηνάρια τῷ πανδοχεῖ καὶ εἶπεν, Ἐπιμελήθητι αὐτοῦ, καὶ ὅ τι ἂν προσδαπανήσῃς ἐγὼ ἐν τῷ ἐπανέρχεσθαί με ἀποδώσω σοι. 36 τίς τούτων τῶν τριῶν πλησίον δοκεῖ σοι γεγονέναι τοῦ ἐμπεσόντος εἰς τοὺς λῃστάς; 37 ὁ δὲ εἶπεν, Ὁ ποιήσας τὸ ἔλεος μετ᾽ αὐτοῦ. εἶπεν δὲ αὐτῷ ὁ Ἰησοῦς, Πορεύου καὶ σὺ ποίει ὁμοίως (Lc 10.35-37). Note el ac. e infin. después de ἐν τῷ... (lit., "en el yo regresar", donde la frase "yo regresar" es una clásula nominal que concuerda con τῷ, y donde la preposición ἐν gobierna todo); δοκεῖ σοι, te parece; ἐμπεσόντος, gen. del 2° aor. part. de ἐμπίπτω; μετ᾽ αὐτοῦ, lit. "con él".

PARTÍCULAS INTERROGATIVAS Y NUMERALES

(a) Algunas veces la partícula εἰ, si (condicional), se usa en forma elíptica, es decir, sin que la preceda sin ninguna clásula (como "dinos" o "di"). Así, en Mt 12.10, εἰ ἔξεστι es "¿es lícito?". En Hch 19.2, εἰ ... ἐλάβετε es "recibísteis" (por "decidme si recibísteis"). Véanse también Hch 7.1; 21.37; 22.25.

(b) La partícula ἤ se usa, en ocasiones, para empezar una pregunta; en ese caso, también, debe sobreentenderse una clásula anterior. Véanse Ro 3.29; 6.3; 7.1.

(c) En tres versículos, la partícula ἆρα empieza una pregunta: en Lc 18.8; Hch 8.30; Gl 2.17. Dicha partícula no debe traducirse, pero sí debe distinguirse de ἄρα, con acento agudo, que significa "entonces", o "según", como en Gl 2.21.

Ejercicio sobre las partículas

Traduzca al castellano los siguientes textos, y luego retradúzcalos al griego:

(1) καὶ ἀτενίσαντες εἰς αὐτὸν πάντες οἱ καθεζόμενοι ἐν τῷ συνεδρίῳ εἶδον τὸ πρόσωπον αὐτοῦ ὡσεὶ πρόσωπον ἀγγέλου. 1 Εἶπεν δὲ ὁ ἀρχιερεύς, Εἰ ταῦτα οὕτως ἔχει; (Hch 6.15—7.1). Εἰ no se debe traducir; οὕτως ἔχει, es, lit., han de este modo (verbo sing. después del sujeto neut. plur.), es decir, habiendo estas cosas de este modo es "¿es esto así?"

(2) ἢ ἀγνοεῖτε ὅτι, ὅσοι ἐβαπτίσθημεν εἰς Χριστόν Ἰησοῦν, εἰς τὸν θάνατον αὐτοῦ ἐβαπτίσθημεν; 4 συνετάφημεν οὖν αὐτῷ διὰ τοῦ βαπτίσματος εἰς τὸν θάνατον, ἵνα ὥσπερ ἠγέρθη Χριστὸς ἐκ νεκρῶν διὰ τῆς δόξης τοῦ πατρός, οὕτως καὶ ἡμεῖς ἐν καινότητι ζωῆς περιπατήσωμεν (Ro 6.3-4). ὅσοι, seguido de la 1ª pers. plur. del verbo, es "todos (de nosotros) los que fuimos", etc., o sea, todos los que

fuimos; συνετάφημεν, 1ª pers. plur., 2° aor. indic. pas. de
συνθάπτω (note la formación irregular y el aumento regular
después de la preposición).

(3) Ἡ ἀγνοεῖτε, ἀδελφοί, γινώσκουσιν γὰρ νόμον λαλ-
ῶ, ὅτι ὁ νόμος κυριεύει τοῦ ἀνθρώπου ἐφ' ὅσον χρόνον ζῇ;
(Ro 7.1). γινώσκουσιν, dat. masc. plur., pres. part. (no 3ª pers.
plur. pres. indic.), lit., a los (unos) sabiendo, es decir, a los que
saben.

(4) εἰ δὲ ζητοῦντες δικαιωθῆναι ἐν Χριστῷ εὑρέθημεν
καὶ αὐτοὶ ἁμαρτωλοί, ἆρα Χριστὸς ἁμαρτίας διάκονος; μὴ
γένοιτο (Gl 2.17). εὑρέθημεν, 2° aor. indic. pas; en la frase que
empieza con ἆρα, se sobreentiende el verbo ἐστί. Con frecuencia se omite el verbo "ser" o "estar".

NUMERALES

Números cardinales

Los números εἷς, uno; δύο, dos; τρεῖς, tres; τέσσαρες,
cuatro, se declinan como sigue:

	Masc.	Fem.	Neut.
Nom.	εἷς	μία	ἕν
Gen.	ἑνός	μιᾶς	ἑνός
Dat.	ἑνί	μιᾷ	ἑνί
Ac.	ἕνα	μίαν	ἕν

Nom., gen., ac., δύο; dat. δυσί(ν).
Nom. y ac., masc. y fem. τρεῖς, neut. τρία.
Gen. en los tres géneros, τριῶν.
Dat. en los tres géneros, τρισί.
Nom. y ac., masc. y fem., τέσσαρες, neut., τέσσαρα.
Gen. en todos tres géneros, τεσσάρων.
Dat. en los tres géneros, τέσσαρσι.
Los compuestos negativos οὐδείς y μηδείς, nadie, ninguno,
se declinan como εἷς.

El resto de los números cardinales del Nuevo Testamento se hallan en el léxico.

Para denotar los números se usan letras con un acento (no números). Entonces, el 1 es α′, 2 es β′,etc. Las letras después de θ′ indican las decenas: ι′ es 20; κ′ es 30; pero esto es así solo hasta la π′, 80; después de esto las letras indican las centenas; ρ′ es 100; χ′ es 600. Así 666 es χξϛ′ (Ap 13.18). ϛ′ es 6; ϟ′ es 90; ϡ′ es 900.

NÚMEROS ORDINALES

El superlativo πρῶτος se usa para "primero". Los ordinales siguientes se forman a partir de la raíz de los números cardinales correspondientes, y se declinan como adjetivos de las dos primeras declinaciones (en -ος, etc.). En ocasiones, al hablar de los días de la semana, se usan los números cardinales en vez de los ordinales.

NUMERALES DISTRIBUTIVOS

Los númerales distributivos se forman repitiendo el mismo número dos veces o poniendo una preposición con el número. Así, "de dos en dos" es δύο δύο (Mc 6.7) o ἀνὰ δύο (Lc 10.1). "Uno por uno" es εἷς καθ' εἷς en Mc 14.19 y Jn 8.9.

▪ LECCIÓN 31 ▪

Otras reglas de sintaxis

En los ejercicios se han indicado algunas reglas de sintaxis. Aquí señalamos algunas de las más importantes.

(a) Preguntas negativas

(1) Cuando οὐ se usa en una pregunta negativa se espera una respuesta afirmativa. Véase, p. ej. 1 Co 9.1.

(2) Cuando se usa μή se espera una respuesta negativa; la partícula μή no debe traducirse. Así, μὴ ἀδικία παρὰ τῷ θεῷ; ¿hay injusticia en Dios? (Ro 9.14). El negativo se puede señalar de esta manera: "No hay injusticia en Dios; ¿o sí?". Pero eso no es una buena traducción.

(3) La palabra μήτι sugiere una respuesta negativa más enfática. Véase Mt 7.16; 26.22,25.

(b) Algunos usos del modo subjuntivo

(1) El subjuntivo se usa en *exhortaciones* en 1ª persona (el negativo siempre es μή). Así, en Jn 19.24, μὴ σχίσωμεν, no la rasguemos, el verbo es un 1er. aor. subj. de σχίζω, y λάχωμεν, echemos suertes, es es el 2º aor. subj. de λαγχάνω.

(2) En *prohibiciones* se usa el subjuntivo aor. con μή, como alternativa del imperativo. Véase ἐνδύσησθε en Mt 6.25, y note el imperativo μεριμνᾶτε que le precede.

(3) Algo similar sucede conn las *peticiones*. Véase εἰσενέγκῃς en Mt 6.13, donde se usa el 1er. aor. subj. de εἰσφέρω.

(4) En *preguntas deliberativas* o las que expresan duda. En 1 Co 11.22, εἴπω es el 2º aor. subj. de λέγω, y ἐπαινέσω es 1er. aor. subj. de ἐπαινέω.

(5) *Negaciones fuertes* usan el aoristo subjuntivo con la doble negación οὐ μή. Véanse Mt 5.18-20; 24.2; 24.35; Lc 6.37; Jn 6.37; 8.51; 10.28; 13.8; Heb 13.5; en donde ἀνῶ es 2° aor. subj. de ἀνίημι.

Ejercicio

Traduzca los siguientes textos; después, retradúzcalos al griego

(1) διόπερ εἰ βρῶμα σκανδαλίζει τὸν ἀδελφόν μου, οὐ μὴ φάγω κρέα εἰς τὸν αἰῶνα, ἵνα μὴ τὸν ἀδελφόν μου σκανδαλίσω (1 Co 8.13).

(2) Τοῦτο γὰρ ὑμῖν λέγομεν ἐν λόγῳ κυρίου, ὅτι ἡμεῖς οἱ ζῶντες οἱ περιλειπόμενοι εἰς τὴν παρουσίαν τοῦ κυρίου οὐ μὴ φθάσωμεν τοὺς κοιμηθέντας (1 Ts 4.15). φθάσωμεν, 1er. aor. subj. de φθάνω.

(3) ἄρα οὖν μὴ καθεύδωμεν ὡς οἱ λοιποὶ ἀλλὰ γρηγορῶμεν καὶ νήφωμεν (1 Ts 5.6).

(4) ἢ δοκεῖς ὅτι οὐ δύναμαι παρακαλέσαι τὸν πατέρα μου, καὶ παραστήσει μοι ἄρτι πλείω δώδεκα λεγιῶνας ἀγγέλων; 54 πῶς οὖν πληρωθῶσιν αἱ γραφαὶ ὅτι οὕτως δεῖ γενέσθαι; (Mt 26.53,54).

(c) MODO OPTATIVO

(1) El modo optativo se usa para expresar deseos. Véase, p. ej. 1 Ts 3.11-12, donde todos los optativos están en 1er. aoristo. El negativo se forma con μή. Véase, p. ej. Mc 11.14, donde φάγοι es 2° aor. opt. de ἐσθίω.

(2) Cuando la partícula ἄν acompaña al optativo, hay un sentido potencial, que expresa posibilidad; ἄν no puede traducirse. Véase, p. ej. Hch 8.31.

Ejercicio

Traduzca al castellano los siguientes versículos, y retradúzcalos al griego

(1) Πέτρος δὲ εἶπεν πρὸς αὐτόν, Τὸ ἀργύριόν σου σὺν σοὶ εἴη εἰς ἀπώλειαν ὅτι τὴν δωρεὰν τοῦ θεοῦ ἐνόμισας διὰ χρημάτων κτᾶσθαι (Hch 8.20). εἴη εἰς ἀπώλειαν es "que sea para destrucción"; es decir, que perezca.

(2) Ὁ δὲ κύριος κατευθύναι ὑμῶν τὰς καρδίας εἰς τὴν ἀγάπην τοῦ θεοῦ καὶ εἰς τὴν ὑπομονὴν τοῦ Χριστοῦ (2 Ts 3.5).

(3) ὁ δὲ Παῦλος, Εὐξαίμην ἂν τῷ θεῷ καὶ ἐν ὀλίγῳ καὶ ἐν μεγάλῳ οὐ μόνον σὲ ἀλλὰ καὶ πάντας τοὺς ἀκούοντάς μου σήμερον γενέσθαι τοιούτους ὁποῖος καὶ ἐγώ εἰμι παρεκτὸς τῶν δεσμῶν τούτων (Hch 26.29).

REGLAS DE SINTAXIS *(continuación)*

(d) CLÁUSULAS DEPENDIENTES

Nota: Las oraciones con cláusulas dependientes son aquellas que tienen una clásula principal (que contiene el sujeto principal y su predicado o verbo) y una o más clásulas subordinadas o dependientes. Estas últimas pueden ser de varios tipos, como se muestra a continuación:

(I) CLÁUSULAS DE OBJETO. En este tipo de cláusula, la clásula subordinada es en sí misma el objeto del verbo de la clásula principal. Así, en Mt 9.28, Πιστεύετε ὅτι δύναμαι τοῦτο ποιῆσαι, la cláusula de ὅτι a ποιῆσαι es el objeto de Πιστεύετε.

(a) Si el verbo en la cláusula principal está en tiempo pasado, el verbo de la clásula dependiente por lo general está en presente del indicativo (algunas veces del optativo), pero debe traducirse al castellano como un pasado. Por ejemplo, Jn 11.13, ἐκεῖνοι δὲ ἔδοξαν ὅτι ... λέγει, es, lit., pensaron que él habla, pero debe traducirse "que él hablaba". Cf. Jn 20.14; Mc 5.29.

(b) Algunas veces, la conjunción ὅτι sirve para introducir una *cita;* en ese caso, la conjunción no se debe traducir. Véanse, p. ej., Mt 7.23; Lc 8.49.

(c) En las preguntas indirectas, el verbo de la cláusula de objeto o está en el indicativo, o en el subjuntivo o en el optativo.

El indicativo insinúa que el objeto de investigado tiene que ver con algo que es realidad. Véase, p. ej. Lc 23.6, ἐπηρώτησεν εἰ ... ἐστιν, preguntó si era (también aquí el verbo de la cláusula dependiente está en tiempo presente); cf. Hch 10.18.

El subjuntivo expresa una posibilidad futura. Véanse, p. ej. Mt 6.25 y Lc 19.48, en donde ποιήσωσιν es un 1er aor. subj.

El optativo expresa la posibilidad de aquello de lo que puede pensarse que existe o que hubo existido. Véanse, p. ej., Lc 1.29; Hch 17.11; 17.27 (εὕροιεν es un 2º aor. opt.). Véanse el indic. y el opt. en Hch 21.33.

(II) Cláusulas condicionales. Es cuando la cláusula dependiente empieza con "si". Hay cuatro clases de suposiciones:

(a) La suposición de un hecho. En este caso, la clásula dependiente (o clásula εἰ) usa el indicativo. Véanse, p. ej., Mt 4.3; Ro 4.2.

(b) La suposición de una posibilidad, o una incertidumbre con esperanza de una decisión. Aquí, ἐὰν (es decir, εἰ ἄν) se usa con el subjuntivo (rara vez εἰ). Véanse, p. ej., Mt 17.20; Jn 3.3-5; 2 Ti 2.5.

(c) La suposición de una incertidumbre. Aquí, se usa el modo optativo, y siempre va con εἰ. Véanse, p. ej. 1 P 3.14; Hch 24.19.

(d) La suposición de una condición no satisfecha. En este caso se usa el indicativo con εἰ en la clásula dependiente, y la clásula principal toma ἄν. En la clásula principal se usan mayormente dos tiempos: el imperfecto y el aoristo.

Cuando se usa el imperfecto con ἄν, se está hablando del tiempo presente. Por ejemplo "si fuera así (aunque ese no es el caso), algo más debería estar pasando (pero no es así)". Tal es el caso de Jn 8.42, Εἰ ὁ θεὸς πατὴρ ὑμῶν ἦν ἠγαπᾶτε ἂν ἐμέ, si Dios fuera vuestro Padre (aunque ese no es el caso), me amaríais (pero no me amáis). Note el uso del tiempo imperfecto con ἄν. Véanse, además, Lc 7.39; Jn 5.46; Hch 4.8.

Cuando el aoristo se usa con ἄν, se está hablando del tiempo pasado. Por ejemplo, "Si esto hubiera sido así (lo cual no fue el caso) algo más debería haber ocurrido (pero no ocurrió)". Entonces, en 1 Co 2.8, εἰ γὰρ ἔγνωσαν, οὐκ ἂν ... ἐσταύρωσαν, porque si hubieran conocido (lo cual no fue el caso) no hubieran crucificado (pero lo hicieron). Véanse, p. ej., Jn 14.28; Lc 12.39 (en donde ἀφῆκεν es el 1er. aor. de ἀφίημι). Algunas veces se usa el pluscuamperfecto con ἄν. Véanse Jn 11.21; 14.7.

Ejercicio sobre las cláusulas de objeto y condicionales.

Traduzca al castellano los siguientes textos y retradúzcalos después al griego

(1) εἰς δὲ ἐξ αὐτῶν, ἰδὼν ὅτι ἰάθη, ὑπέστρεψεν μετὰ φωνῆς μεγάλης δοξάζων τὸν θεόν (Lc 17.15). ἰάθη, 1er. aor. indic. pas. de ἰάομαι; ὑπέστρεψεν, 1er aor. de ὑποστρέφω.

(2) ὁ δὲ Πιλᾶτος ἐθαύμασεν εἰ ἤδη τέθνηκεν καὶ προσκαλεσάμενος κεντυρίωνα ἐπηρώτησεν αὐτὸν εἰ πάλαι ἀπέθανεν (Mc 15.44). τέθνηκεν, perf. de θνήσκω; προσκαλεσάμενος, 1er. aor. part. medio; ἀπέθανεν, 2° aor. de ἀποθνήσκω.

(3) καὶ εἰ μὲν ἐκείνης ἐμνημόνευον ἀφ' ἧς ἐξέβησαν, εἶχον ἂν καιρὸν ἀνακάμψαι (Heb 11.15). ἐξέβησαν, 1er aor. de ἐκβαίνω (note el cambio de κ a ξ antes del aumento ε). εἶχον, imperf. de ἔχω; ἀνακάμψαι, 1er. aor. infin. de ἀνακάμπτω.

(4) καὶ εἰ μὴ ἐκολόβωσεν κύριος τὰς ἡμέρας, οὐκ ἂν ἐσώθη πᾶσα σάρξ· ἀλλὰ διὰ τοὺς ἐκλεκτοὺς οὓς ἐξελέξατο ἐκολόβωσεν τὰς ἡμέρας (Mc 13.20). ἐκολόβωσεν, 1er. aor. de κολοβόω; ἐξελέξατο, 1er. aor. medio de ἐκλέγω.

(5) καὶ λέγετε, Εἰ ἤμεθα ἐν ταῖς ἡμέραις τῶν πατέρων ἡμῶν, οὐκ ἂν ἤμεθα αὐτῶν κοινωνοὶ ἐν τῷ αἵματι τῶν προφητῶν (Mt 23.30).

(III) CLÁUSULAS FINALES Y CLÁUSULAS DE PROPÓSITO. Estas cláusulas empiezan con ἵνα, con el fin de que, para que (con énfasis en el resultado), o con ὅπως (enfatizando el método), o μή (que quiere decir "a menos que" o "que . . . no"). Véase también la lección 13.

(a) El verbo en la clásula dependiente por lo general está en subjuntivo. Véanse, p. ej., Mt 2.8; 6.16; Lc 6.34. El negativo siempre se forma con μή. Véanse, como ejemplo, Mt 18.10; Heb 12.15, 16. Después de verbos que denotan temor, μή se traduce por "no sea que," o "a menos que". Véase, p. ej., 2 Co 12.20-21.

(b) Algunas veces se usa el futuro del indicativo, pero nunca después de ὅπως. Así, ἔσται en Heb 3.12. De vez en cuando el estudiante encontrará otros tiempos del indicativo en este tipo de cláusula.

Ejercicio sobre cláusulas finales y de propósito

Traduzca del griego al castellano, y retraduzca después al griego:

(1) Τότε προσηνέχθησαν αὐτῷ παιδία ἵνα τὰς χεῖρας ἐπιθῇ αὐτοῖς καὶ προσεύξηται· οἱ δὲ μαθηταὶ ἐπετίμησαν αὐτοῖς (Mt 19.13). προσηνέχθησαν, 1er. aor. pas. de προσφέρω; ἐπιθῇ, 2° aor. subj. de ἐπιτίθημι; προσεύξηται, 1er. aor. subj. de προσεύχομαι.

(2) Ταῦτα ἐλάλησεν Ἰησοῦς, καὶ ἐπάρας τοὺς ὀφθαλμούς αὐτοῦ εἰς τὸν οὐρανὸν εἶπεν, Πάτερ, ἐλήλυθεν ἡ ὥρα· δόξασόν σου τὸν υἱόν, ἵνα ὁ υἱὸς δοξάσῃ σέ, 2 καθὼς ἔδωκας αὐτῷ ἐξουσίαν πάσης σαρκός, ἵνα πᾶν ὃ δέδωκας αὐτῷ δώσῃ αὐτοῖς ζωὴν αἰώνιον. 3 αὕτη δέ ἐστιν ἡ αἰώνιος ζωή ἵνα γινώσκωσιν σὲ τὸν μόνον ἀληθινὸν θεὸν καὶ ὃν ἀπέστειλας Ἰησοῦν Χριστόν. 4 ἐγώ σε ἐδόξασα ἐπὶ τῆς γῆς τὸ ἔργον τελειώσα ὃ δέδωκάς μοι ἵνα ποιήσω (Jn 17.1-4). Para ἐλήλυθεν véase ἔρχομαι. En este párrafo, después de ἵνα se usa el 1er. aor. subj. en todos los casos.

(3) Ταῦτα δέ, ἀδελφοί, μετεσχημάτισα εἰς ἐμαυτὸν καὶ Ἀπολλῶν δι᾽ ὑμᾶς, ἵνα ἐν ἡμῖν μάθητε τὸ Μὴ ὑπὲρ ἃ γέγραπται, ἵνα μὴ εἷς ὑπὲρ τοῦ ἑνὸς φυσιοῦσθε κατὰ τοῦ ἑτέρου (1 Co 4.6). Aún cuando μάθητε es 2° aor. subj. (de μανθάνω), φυσιοῦσθε es pres. indic.

ALGUNAS REGLAS DE SINTAXIS *(continuación)*

(e) MODO INFINITIVO

Este modo participa tanto del carácter del verbo como del carácter del nombre. Por tanto, puede ser sujeto u objeto de otro verbo, o puede tener sujeto u objeto (véase la lección 15).

(1) Para un ejemplo del infinitivo como sujeto de un verbo, véase Ro 7.18.

(2) Para un ejemplo del infinitivo como objeto de un verbo, véase Flp 2.6, en donde εἶναι se usa como nombre con el artículo τό; ambos forman el objeto de ἡγήσατο.

(3) *El sujeto del infinitivo, cuando se expresa, siempre está en caso acusativo.* La traducción al español usualmente se hace por medio de una cláusula que contiene "que". Así, en Hch 14.19, νομίζοντες αὐτὸν τεθνηκέναι es, lit., pensando él haber muerto, es decir, pensando que estaba muerto. En Lc 24.23, λέγουσιν αὐτὸν ζῆν es, lit., dicen él vivir, es decir, dicen que él vive.

El sujeto del infinitivo no se expresa cuando es el mismo que el del verbo precedente (excepto si se desea enfatizar), y cualesquiera palabras en concordancia con él van en nominativo. Igual sucede en Ro 15.24, ἐλπίζω γὰρ διαπορευόμενος θεάσασθαι ὑμᾶς. Espero veros al pasar. Si el sujeto de θεάσασθαι estuviera expresado sería με. Como el sujeto de ambos verbos es la misma persona, se omite para el infinitivo, y el participio concordante va en nominativo. Cf. Ro 1.22.

(4) El infinitivo puede estar en varios casos. Para el genitivo, véase Lc 10.19, en donde τοῦ πατεῖν es, lit., (poder) de hollar, es decir, potestad de hollar. Igual sucede en Hch 27.20, en donde ὑμᾶς es el sujeto ac. En 2 Co 1.8, hay un ejemplo tanto del ac. con el infin. como del gen. con el infin. El gen. a menudo expresa propósito (Mt 2.13; 3.13; 21.32) o incluso resultado (Hch 7.19).

Para el dativo, véase 2 Co 2.13. Aquí τῷ ... εὑρεῖν es dativo de causa, por no haber hallado; με es el sujeto ac.; Τίτον es el objeto.

(5) Estos casos del infinitivo muchas veces van después de preposiciones. Véase Mt 13.5,6, en donde cada διά gobierna todo lo que sigue. En Mt 24.12, note que τὴν ἀνομίαν es el sujeto del infin (cf. también Mc 5.4). En Mt 13.25, el ac. con el infin. está gobernado por ἐν; en 26.32, el artículo, el ac. y el infin. están gobernados por μετά. En Mt 6.1, αὐτοῖς significa "de ellos" o "por ellos".

(6) ὥστε expresa resultado cuando se usa con el infin., o cuando se usa con el ac. y el infin. Véanse Lc 9.52; Mt 24.13, 32; Hch 16.26.

(7) El infinitivo ocasionalmente se usa como imperativo (Flp 3.16, στοιχεῖν; Ro 12.15).

(8) Con el infinitivo pueden usarse οὐ o μή para hacer una negación. οὐ se usa en negaciones de una realidad; generalmente hablando, en todos los otros casos se usa μή. Note οὐδ' (no μηδ') en Jn 21.25; οἶμαι es "supongo", pero el οὐ indica la certeza de que en el mundo no cabrían los libros.

Ejercicio sobre el infinitivo

Traduzca los siguientes versículos al castellano. Después, retradúzcalos al griego

(1) δέομαι δὲ τὸ μὴ παρὼν θαρρῆσαι τῇ πεποιθήσει ᾗ λογίζομαι τολμῆσαι ἐπί τινας τοὺς λογιζομένους ἡμᾶς ὡς κατὰ σάρκα περιπατοῦντας (2 Co 10.2). τὸ μὴ ... θαρρῆσαι, lit., el no ... ser osado, es el objeto de δέομαι; παρὼν es nom. part. pres. de πάρειμι.

(2) ἐν δὲ τῷ πορεύεσθαι ἐγένετο αὐτὸν ἐγγίζειν τῇ Δαμασκῷ, ἐξαίφνης τε αὐτὸν περιήστραψεν φῶς ἐκ τοῦ οὐρανοῦ 4 καὶ πεσὼν ἐπὶ τὴν γῆν ἤκουσεν φωνὴν λέγουσαν αὐτῷ, Σαοὺλ Σαούλ, τί με διώκεις; (Hch 9.3-4). ἐγένετο es "aconteció" (véase γίνομαι); sigue a esto un ac. con un infin.; πεσών, aor. part. de πίπτω.

(3) Ἔλεγεν δὲ παραβολὴν αὐτοῖς πρὸς τὸ δεῖν πάντοτε προσεύχεσθαι αὐτοὺς καὶ μὴ ἐγκακεῖν (Lc 18.1). πρὸς τὸ δεῖν, lit., a lo de ser necesario; luego sigue un ac. con un infin., ellos a orar, esto es, que deben siempre orar.

(4) λέγει αὐτῷ Ναθαναήλ, Πόθεν με γινώσκεις; ἀπεκρίθη Ἰησοῦς καὶ εἶπεν αὐτῷ, Πρὸ τοῦ σε Φίλιππον φωνῆσαι ὄντα ὑπὸ τὴν συκῆν εἶδόν σε (Jn 1.48). φωνῆσαι, 1er. aor. infin. con Φίλιππον como sujeto y σε como objeto.

(5) νυνὶ δὲ καὶ τὸ ποιῆσαι ἐπιτελέσατε, ὅπως καθάπερ ἡ προθυμία τοῦ θέλειν, οὕτως καὶ τὸ ἐπιτελέσαι ἐκ τοῦ ἔχειν (2 Co 8.11). ποιῆσαι, 1er. aor. infin.; ἐκ τοῦ ἔχειν, lit., fuera del tener.

(6) πάντα ὑπέταξας ὑποκάτω τῶν ποδῶν αὐτοῦ. ἐν τῷ γὰρ ὑποτάξαι [αὐτῷ] τὰ πάντα οὐδὲν ἀφῆκεν αὐτῷ ἀνυπότακτον. νῦν δὲ οὔπω ὁρῶμεν αὐτῷ τὰ πάντα ὑποτεταγμένα... 15 καὶ ἀπαλλάξῃ τούτους, ὅσοι φόβῳ θανάτου διὰ παντὸς τοῦ ζῆν ἔνοχοι ἦσαν δουλείας (Heb 2.8, 15).

(f) PARTICIPIOS

Los participios son adjetivos verbales. Por tanto, concuerdan con los nombres expresados o sobreentendidos.

(1) Los participios presente y perfecto a menudo se usan con el verbo "ser" o "estar", haciendo formas compuestas. Como ejemplos, véanse καιομένη ἦν, estaba ardiendo, en Lc. 24.32; y Gl 4.24, está alegorizado. No debe imponerse forzosamente el literalismo. Así, en Mt 18.20, εἰσιν . . . συνηγμένοι no es "están habiendo sido reunidos juntos", sino "están reunidos". En Lc 3.23, ἦν... ἀρχόμενος es "estaba empezando (su ministerio)", no "empezando a tener (treinta años)".

(2) Un participio puede funcionar como un adjetivo. Tal es el caso de τῇ ἐχομένῃ ἡμέρᾳ (Hch 21.26), al día siguiente, en donde el verbo es un part. medio de ἔχω. Igual sucede en 1 Ti 1.10: ὑγιαινούσῃ, es "sano", pero es un participio presente.

(3) El conjunto participio-artículo a menudo equivale a un nombre. En 1 Ts 1.10, τὸν ῥυόμενον ἡμᾶς, lit., el (uno) que

nos libra, es "nuestro libertador". En Mc 4.14, ὁ σπείρων es "el sembrador".

(4) El participio con frecuencia es explicativo. Así, en Flp 2.7, λαβών explica la frase "se vació a sí mismo" y, en el v. 8, γενόμενος explica a "se humilló a sí mismo". En Ro 12.9, los participios muestran cómo debe ponerse en práctica el mandamiento del v. 8. En 1 P 2.8 y 3.1,7 los participios muestran cómo se cumplen los mandamientos dados en el v. 17.

Ejercicio sobre los participios

Traduzca al castellano los siguientes textos y vuelva a traducirlos al griego

(1) Ἀλλὰ τότε μὲν οὐκ εἰδότες θεὸν ἐδουλεύσατε τοῖς φύσει μὴ οὖσιν θεοῖς· 9 νῦν δὲ γνόντες θεόν, μᾶλλον δὲ γνωσθέντες ὑπὸ θεοῦ, πῶς ἐπιστρέφετε πάλιν ἐπὶ τὰ ἀσθενῆ καὶ πτωχὰ στοιχεῖα οἷς πάλιν ἄνωθεν δουλεύειν θέλετε; (Gl 4.8-9). εἰδότες (véase οἶδα); οὖσιν, dat. plur. masc., pres. part. de εἰμί, a (aquellos) que no son dioses.

(2) οὐχὶ μένον σοὶ ἔμενεν καὶ πραθὲν ἐν τῇ σῇ ἐξουσίᾳ ὑπῆρχεν; τί ὅτι ἔθου ἐν τῇ καρδίᾳ σου τὸ πρᾶγμα τοῦτο; οὐκ ἐψεύσω ἀνθρώποις ἀλλὰ τῷ θεῷ (Hch 5.4). μένον. nom. sing. neut., pres. part. de μένω, lit., ¿permaneciendo (no permanecía contigo)?; πραθὲν, nom. sing. neut., 2º aor. part. pas. de πιπράσκω.

(3) ὑμεῖς γὰρ μιμηταὶ ἐγενήθητε, ἀδελφοί, τῶν ἐκκλησιῶν τοῦ θεοῦ τῶν οὐσῶν ἐν τῇ Ἰουδαίᾳ ἐν Χριστῶ Ἰησοῦ, ὅτι τὰ αὐτὰ ἐπάθετε καὶ ὑμεῖς ὑπὸ τῶν ἰδίων συμφυλετῶν καθὼς καὶ αὐτοὶ ὑπὸ τῶν Ἰουδαίων, 15 τῶν καὶ τὸν κύριον ἀποκτεινάντων Ἰησοῦν καὶ τοὺς προφήτας καὶ ἡμᾶς ἐκδιωξάτων καὶ θεῷ μὴ ἀρεσκόντων καὶ πᾶσιν ἀνθρώποις ἐναντίων, 16 κωλυόντων ἡμᾶς τοῖς ἔθνεσιν λαλῆσαι ἵνα σωθῶσιν, εἰς τὸ ἀναπληρῶσαι αὐτῶν τὰς ἁμαρτίας πάντοτε. ἔφθασεν δὲ ἐπ' αὐτοὺς ἡ ὀργὴ εἰς τέλος (1 Ts 2.14-16). ἐπάθετε, 2º aor. de πάσχω; ἔφθασεν, 1er. aor. de φθάνω.

LECCIÓN 34

ACENTOS

(1) Los acentos se usaban originalmente para dar la correcta entonación o fuerza a una sílaba. Hay tres acentos: el agudo (´), el grave (`) y el circunflejo (ˆ). El agudo se enjcuentra solo en una de las últimas tres sílabas de una palabra, el circunflejo en una de las dos últimas y el grave en la última. El acento se escribe solo sobre vocales; en los diptongos, va sobre la segunda vocal, como en οὕτως, οὖν. Los acentos agudo y grave se colocan después de la aspiración o espíritu, sea el espíritu rudo (῾), como en ἕξω, o la aspiración o espíritu suave (᾿) como en ἔχω. Cuando el acento circunflejo está con una aspiración,se escribe sobre esta, como en οὗτος.

(2) Una palabra que tiene el acento agudo en la última sílaba, como βασιλεύς, se llama *oxítona* (de tono agudo). Cuando el acento agudo se halla en la penúltima sílaba, como en οὕτως, la palabra se llama *paróxitona*. Cuando el acento agudo se halla en la antepenúltima sílaba, como en ἄνθρωπος, se llama *proparoxítona*. La antepenúltima sílaba, si es acentuada, siempre tiene acento agudo.

(3) Si la última sílaba de una palabra contiene una vocal larga, el acento agudo debe estar en la última o penúltima sílaba; el circunflejo sólo puede recaer en la última. Entonces, si la última sílaba de una proparoxítona es alargada por la declinación, el acento se corre hacia adelante, y la palabra de vuelve paroxítona; p. ej., ἄνθρωπος, pero ἀνθρώπων.

(4) Cuando el acentocircunflejo está en la última sílaba, como en αὑτοῦ, se la llama *perispómenon;* cuando está en la penúltima, como en οὗτος, se la llama *properispómenon*. Este pronombre es un ejemplo del hecho de que una penúltima sílaba lleva acento circunflejo cuando es larga por *naturaleza,* cuando la última sílaba es corta por naturaleza. De otra manera, toma el

acento agudo, p. ej. λόγος. Una sílaba es larga por *naturaleza*
cuando tiene una vocal larga, p. ej., τιμή, o un diptongo, p. ej.
κτείνω; es larga por *posición* cuando le siguen dos consonantes,
p. ej. ἵσταντες, o por una de las consonantes dobles, ζ (δ y σ),
ξ (κ y σ), ψ (π y σ), p. ej., ἰσόψυχος.

(5) Al determinan el acento, las finales –αι y –οι se conside-
ran cortas, como en ἄνθρωποι, νῆποι, pero largas en el optativo;
así ποιήσοι (no ποίησοι).

(6) Los nombres de la tercera declinación que terminan en -ις
y -υς y que forman los genitivos en –εως y –εων, tienen el acento
agudo en la antepenúltima sílaba; p. ej. πόλεως (gen. de πόλις),
pero βασιλέως (gen. de βασιλεύς). Así sucede con todas las
palabras terminadas en –εύς.

(7) Una oxítona cambia su acento agudo a uno grave cuando
va antes de otras palabras en la frase, p. ej. θεὸς ἦν.

Sílabas contractas

(8) Una sílaba contracta se acentúa si alguna de las sílabas
originales estaba acentuada. Una sílaba penúltima o antepenúltima, si es contracta, se acentúa regularmente. Una sílaba contracta final lleva el acento circunflejo, p. ej. τιμῶ, de τιμάω.
Pero si la palabra original era oxítona, se retiene el acento agudo;
p or ej. βεβώς, de βεβαώς. Si ninguna de las sílabas originales
tenía acento, la forma contraída se acentúa independientemente
de la contracción. Así τίμαε se vuelve τίμα.

Acentos en cuanto a enclíticas y proclíticas

(9) Una enclítica es una palabra que pierde su acento y se
pronuncia como parte de la palabra precedente. Las siguientes
palabras son enclíticas: *(a)* el pronombre indefinido τις en todas
sus formas; *(b)* los pronombres personales μοῦ, μοί, μέ, σοῦ,
σοί, σέ; *(c)* el pres. indic. de εἰμί (excepto la 2ª sing. εἶ); *(d)*
φημί, φησίν, φασίν; *(e)* los participios γε, τε, y el δε insepa-
rable en ὅδε, etc.; *(f)* los adverbios indefinidos ποτέ, που, περ,
πω, πως.

Si una palabra es proparoxítona, recibe de la enclítica un acento agudo en la última sílaba como segundo acento, p. ej. ἄνθρωπός τις, e igual si la palabra es properispomenon, p. ej. δεῖξόν μοι.

(10) Las enclíticas pierden su acento cuando la palabra precedente es *(a)* oxítona, p. ej., αὐτόν τινας (Mc 12.13); *(b)* paróxitona, p. ej., 'Ιουδαίων τε (Hch 14.1); *(c)* perispomenon, p. ej. ἀγαπῶν με (Jn 14.21).

(11) Las enclíticas retienen su acento *(a)* si empiezan o terminan una frase, p. ej. φησίν en Jn 18.29; *(b)* si hay disílabas después de una paroxítona (para evitar tres sílabas no acentuadas sucesivas), p. ej. λόγου ἐστίν (Stg 1.23); *(c)* cuando la sílaba precedente es una elisión, p. ej. δι' ἐμοῦ, (Jn 14.6); *(d)* si hay una disílaba después de una proclítica (véase más abajo), p. ej., οὐκ εἰμί, (Jn 3.28); *(e)* los pronombres personales μοῦ, μοῖ, etc., conservan su acento después de una preposición acentuada, como, p. ej., περὶ ἐμοῦ, (Jn 15.26) (excepto después de πρός en πρός με, Jn 6.65).

(12) 'Εστί (ἐστίν), al principio de una frase, retiene su acento, y también después de οὐκ, μή, εἰ, καί, ἀλλά, y τοῦτο, o de una sílaba paroxítona, p.ej. 'Ιουδαίων ἐστίν (Jn 4.22), o para dar un énfasis moderado, p. ej. νῦν ἐστίν (Jn 4.23). ἔστι también retiene el acento cuando denotan existencia o posibilidad, p. ej. ἅγιον ἔστιν (Hch 19.2).

(13) Algunas monosílabas no tienen acento; están muy ligadas a la palabra que sigue, por lo que pierden su acento en ella. A estas palabras se les llama *proclíticas*. Entre ellas encontramos los artículos ὁ, ἡ, οἱ, αἱ, las preposiciones εἰς, ἐξ (ἐκ), ἐν, las conjunciones εἰ y ὡς y el negativo οὐ (οὐκ, οὐχ). Pero οὐ toma el acento agudo cuando se halla sola, como en οὔ ¡no! Una proclítica seguida de una enclítica es oxítona, como οὔτις (que puede escribirse como una sola palabra).

(14) Algunos ejemplos de cambios en palabras mediante acentos: ἡ, la ἤ, o, que; ᾗ, quien (fem.); τίς ¿quién?; τις, alguno, alguna; οὐ, no; οὗ, donde; ποῦ, ¿dónde?; που en alguna parte; αὐταί ellas; αὗται, estas.

ÍNDICE CASTELLANO

ÍNDICE GRIEGO

NOTA: *Este índice se limita a ciertas partículas, preposiciones, pronombres, adjetivos y a unos pocos verbos irregulares que se usan con frecuencia y reciben atención especial.*